Fukuzawa Yukichi

福澤諭吉
的勸學篇與文明論概略

人格獨立、文明與進步、學者職責、懷疑與取捨，明治時期啟蒙思想家的教育改革

福澤諭吉——著

彩虹——譯

自由獨立人格、人望與智德、名分產生偽君子，
來自日本萬元紙幣肖像人物福澤諭吉的教育思想

目錄

CONTENTS

4

導言

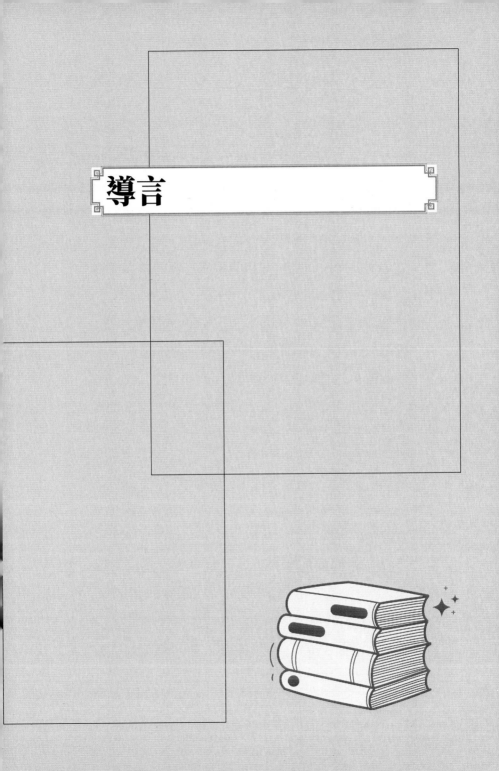

PREFACE

　　福澤諭吉（西元 1835 - 1901 年），日本近代傑出的教育家、思想家，日本資本主義發展的啟蒙者，他與以「明治維新三傑（西鄉隆盛、大久保利通、木戶孝允）」為代表的一批政治家共同推進了日本在思想、文化、教育、政治、經濟等各個方面的根本性變化，福澤諭吉也因此被譽為「日本近代教育之父」、「明治時期偉大的教育功臣」、「日本國家大校長」。

　　西元 1835 年，福澤諭吉出生於一個下層武士家庭，他從很小的時候就開始學習西學，曾經三次遊歷歐美，受西方自然科學以及資產階級自由、民主思想的影響，他對日本腐朽的封建專制制度和落後思想文化持猛烈抨擊態度。西元 1858 年，他創建了專門致力於傳播「蘭學」[1] 的教育機構「蘭學塾」，開始向日本青年一代介紹西方先進的思想文化。期間，他多次趁遊歷歐美的機會往日本帶回了數學、經濟、法律、哲學及歷史方面的經典書籍，並親自進行翻譯和編輯，使之成為「蘭學塾」的專用教科書。西元 1868 年，「蘭學塾」改名為「慶應義塾」——這就是日本著名私立大學慶應義塾大學的前身。慶應義塾為日本明治維新及資本主義改革培養了一大批優秀的政治、

---

1 蘭學，指荷蘭的學說和文化，這裡代指西方文化。

經濟人才。在辦學過程中，福澤諭吉所宣導的人格獨立、重視實用科學學習的觀點，對日本近現代教育的發展，具有直接而重大的影響。

福澤諭吉一生從事教育及思想啟蒙活動，且著述頗豐。其中影響力最大、對日本近代教育貢獻最大的當屬從西元 1872－1876 年完成的《勸學篇》和他日本近代化所設計的範本《文明論概略》。

《勸學篇》共有 17 篇，福澤諭吉在書中揭露和批判了日本封建專制集權主義對當時社會文明的進步以及人格獨立的危害，同時極力宣傳西方的「天賦人權」思想，號召日本國民樹立自由獨立的人格，著重強調了人民應該在國家和社會的發展過程中占據主體地位，福澤諭吉認為只有每個國民都獲得了獨立，國家才能獨立。他認為獨立有兩層含義：一是物質生活方面的獨立，二是精神上的獨立。而獨立精神的核心則是一種堅持積極進取、勇於自我主宰和勇於成為國家主人的氣概 —— 這才是國家獨立的核心。但不論是國家與國家之間的平等和獨立，還是社會上人與人之間的獨立和自由，都需要透過教育來獲得。至於教育的方法，福澤諭吉認為由於日本與西方國家在風俗習慣、思想感情、文化背景等方面都不盡相同，因此

PREFACE

即使在西方被認為是文明和進步的東西，也未必適合日本，因此不能機械照搬，日本必須在堅持自身傳統和信仰的基礎上，學習西方文明的優點、取長補短，不斷完善日本特有的文化，只有這樣才能保持文化層面的民族獨立。不論是傳授學問的人還是立志學習的人都要樹立遠大理想，以振興國家為己任，尤其是要學以致用，保持知識與實踐的一致、思想與行動的一致。

在另一部著名作品《文明論概略》中，福澤諭吉詳細闡述了文明的內涵：文明的範圍非常廣泛，但凡工商科學、政策法律，文學歷史以及道德智慧等等，幾乎無所不包。福澤諭吉認為文明可以分成兩種，一種是「文明的外形」，即從衣食住行到政策法律等看得見、摸得著的事物，另一種是「文明的精神」，是指人民精神風貌以及由此形成的社會形勢。其中「智德」是文明發展的最強大動力，而日本文明落後於西方文明的最重要原因就是由於人民在智德方面不及西方人。所以，日本要想趕上並超越西方文明，就必須要努力追求智德。為此，福澤諭吉號召全體國民努力學習，積極培養獨立自主的國民性，在文明程度上向西方看齊，最終實現國家的獨立。

《勸學篇》和《文明論概略》集中反映了十九世紀中葉以後以福澤諭吉為代表的日本新興資產階級勇於改革、不斷開拓的進取精神，這兩本著作不僅對明治維新產生了重大影響，而且也被當時的日本政府所採納，並應用於教育改革和學制改革中。有人曾經這樣評價福澤諭吉：如果將日本比作一杯水的話，那「明治維新三傑」等日本政治家改變的是水杯，而福澤諭吉改變的是水質。1984 年，日本在新發行的萬元面額紙幣的正面印上了福澤諭吉的肖像，由此可見福澤諭吉在日本歷史上的重要地位和影響力[2]。

　　為使讀者更加全面、深入的了解福澤諭吉的教育理念和啟蒙思想，本書除對《勸學篇》一書進行翻譯之外，還從《文明論概略》中汲取精華，挑選書中的重要章節附錄於後。全書傾注了譯者的大量心血，但由於程度有限，難免有錯漏之處，敬請讀者指正。

2　2019 年 4 月 9 日，日本宣布將於 2024 年推出新版日圓紙幣，屆時萬圓面額紙幣上的頭像將由福澤諭吉變為被稱為「日本資本主義之父」的澀澤榮一。

《勸學篇》

作者自序

　　本書是我在讀書的閒暇之時所寫的隨筆集。第一篇發表於明治[3]五年的二月，到明治九年十一月，共完成了十七篇……書中各篇論文，有些是為了應急所寫，有些則是對前景的展望。由於執筆時思慮匆忙，因此各篇中有些可能意義極為淺顯，有些則近似迂闊了。如今將它們合訂為一本，乍讀之下，也許會覺得前後主旨不連貫，但如果稍微進行深入的思考，在詞句之外細細品味，便可以發現全書的核心思想是一以貫之的。

　　本書自發行至今已逾九載，有的學者如果已經看過此前單獨發行的版本，自然就無須再讀這本合集，此書只是為了今後有志於學的人士所編訂。

福澤諭吉

明治十三年（西元 1880 年）七月三十日

3　明治，日本第 122 代天皇睦仁在位時所用的年號，使用時間為西元 1868　年至 1912 年，共計 45 年。明治五年即西元 1872 年。

第一篇　緣起

　　「上天不生人上之人，亦不生人下之人」，這句話的意思是說：上天所降生的人都是平等的，不存在一出生就有高低貴賤之分的人。身為萬物的靈長，人類原本應該聽從內心的安排，獲取天地之間的所有物資，來滿足衣食住行之所需，大家自由自在、互不妨礙的快樂生活。但只要環顧當今這個世界，便會發現既有賢能之人又有愚蠢之人，既有貧苦之人又有富有之人，既有尊貴之人又有低賤之人，他們之間似乎存在著天壤之別。這到底是怎麼一回事呢？理由是非常明顯的。《實語教》[4]中說道：「人不學無智，無智者愚人。」因此賢與愚的區別可以說是因為學和不學而導致的。再加上這世間原本就有做起來困難的工作，也有做起來容易的工作，做困難工作的被稱為身分高的人，做容易工作的被稱為身分低的人。大凡需要勞心勞神和冒很大風險的工作都是困難的，使用雙手雙腳進行勞動的工作其實都是容易的。所以才會將學者、醫生、政府官員、富商巨賈以及僱用了很多幫工的富農稱為身分高的貴人。而且由於身分高貴，他的家境也自然也變得富足起來，在下面的人看來，他就變得高不可攀

4　《實語教》，日本古代社會上流行的一種蒙學讀本。內容主要強調了人只有透過學習才能獲得智慧。

了。但假如我們追根溯源的話，就可以明白這其實只不過是有沒有學習造成的區別，而不是什麼命中注定的。俗話說：「上天不會憑空給人富貴，要想富貴必須要透過辛勤勞動來獲得。」因此如前所述，人生來是沒有高低貴賤之分的，只有那些勤於學習、掌握了豐富知識的人才能夠變得富貴，而不願學習的人就會變得越來越貧賤。

這裡所謂的學習和掌握豐富的知識，絕不只是局限於能夠識文斷字，也不只是能夠讀懂晦澀的古文、詠和歌[5]、作詩 —— 這些都是不切人世實際的學問。這一類的知識雖然也可以為人們帶來精神上的安慰，而且也有一些好處，但是並不像自古以來世上的儒學家以及日本的國學家所說的那麼值得寶貴。從古至今，很少有漢學家善於理財增產；而善詠和歌同時又精通貿易的商人也不多。所以有一些心機深沉的商賈農人，看見子弟一心求學，卻擔心家道中落，做父親的這種心情是完全可以理解的，這便是這一類知識脫離實際、不符合日常所需的力證。因此我們應該把這些不切實際的知識放在次要的位置，然後專心的致力於不斷靠近世上通用的實學[6]，比如學習伊呂波[7]四十七個字母，練著記帳、寫信，

---

5 和歌，日本古代流傳的一種詩歌體裁。

6 實學：這個詞是福澤諭吉獨創一個詞語，不但用來指社會生活中所必需的實用知識和技能，也包括了實驗與實證科學。

7 伊呂波：按照「伊呂波歌」順序排列的一種日文字母的讀法，這裡指日語的字母表，通常用來作為序數詞使用。

學會使用天平、打算盤等等。然後再進一步，去學習很多重要的學科。比如地理學 —— 介紹日本國內及世界各國的風土人情；物理學 —— 探究天地萬物的性質和作用；歷史 —— 詳細記載古今各國歷朝歷代的情況；經濟學 —— 從一人一家的生計開始研究，直到對一個國家、全世界的生計進行研究；修身學 —— 用來闡述合乎自然的修身交友以及處世之道。在學習上述學問的時候，都可以參照和借鑑西洋的譯本，書裡的內容大多都是用日本文字書寫的，學習起來非常方便。至於才能出眾以至於特別優異的年輕人，則可以同時修習外語，對每一門科學都能夠做到實事求是，對每一件事物都能夠深刻的去探尋真理，從而滿足自身的需求。以上就是我所總結的世上通用的實學。假如所有人 —— 不分高低貴賤，都能夠喜歡這些學問，並且能夠獲得一些體會，然後士、農、工、商各盡其責，各司其職，經營好自己的家業，那麼不但個人能夠獨立，家族能夠獨立，國家也就能夠獨立了。

　　治學的要義在於懂得遵守本分。人們從降生到這個自然界中以後，原本是不受任何約束的。生下來是一個男人便是男人，生下來是一個女人便是女人，而且是自由自在的。可是假如只是高喊自由自在，卻不懂得遵守本分的話，就很容易陷入恣情放蕩的局面。因此本分便意味著明天理、順人情，要在不妨礙別人的前提下享受自己的自由。自由和恣情

放蕩的邊界也就在於是否會對別人造成妨害。比如花自己的錢，就算是沉溺於酒色、放蕩不羈，看起來似乎也完全是個人的自由，但實際絕對不是如此。因為一個人的放蕩會成為大家效仿的榜樣，最終會導致世間風俗變得紊亂，有傷教化，所以就算花的錢是他自己的，他的罪過也是無法讓人原諒的。

　　自由和獨立又不僅僅限於個人，而且也適用於一個國家。日本就是這樣一個地處遠東地區的島國。自古以來就不與外國相接，只憑著本國的物產便能豐衣足食，似乎也並未有令人感到不足之處。自從嘉永 [8] 年間美國人到了日本之後才開始正式進行對外交易，直到今天演變成了這種狀況。開禁之後，大家議論紛紛，便有人叫囂著要封鎖國門攘除蠻夷，足見其人所見所識異常狹隘，正如民間俗語所說「井底之蛙」，這樣的議論是不值一提的。日本與西洋各國全都存在於同一片天空下、同一個地球上，受著同一個太陽的照耀，欣賞著同一個月亮，擁有著相同的大海與空氣，如果各國人民情意相合，能夠將彼此富餘的東西進行交換，並展開文化方面的交流，那麼就不會產生恥辱和驕傲的感覺，而且能夠令雙方同時獲得便利，共謀幸福與發展，並且順應天理

8　嘉永，日本孝明天皇所用年號，即西元 1848 - 1854 年。嘉永六年（西元 1853 年），美國海軍將領培里（Perry）率領軍艦叩關，日本被迫與列強開始通商。

人情而變得互相友好。只要是真理之所存，便是對非洲黑色人種也不應歧視，順應人道，對英、美的船堅炮利更不應該畏懼。假如祖國遭到了侮辱，那麼日本的全體國民就應該拚出性命來抗爭，以達到使國威不墜的目的。唯有如此才能說國家實現了自由獨立。至於像清國那樣，覺得自己是「天朝上國」，其他國家都是夷狄、番邦，將外國人視為四隻腳的畜牲，不僅蔑視外國人、厭惡外國人，甚至不自量力的想要驅逐外國人，結果情況反而更加糟糕。這樣的事情確實是因為不了解本國實力所導致的，如果類似的情況發生在個人的身上，那就是沒有正確理解上天所賜予的自由，反而陷入了肆意妄為的境地了。日本國自從天皇施行新政[9]以來，社會風氣為之一變。對外，日本基於國際公法與各個國家建立邦交；對內，向人民宣傳自由平等之原則，比如讓平民擁有冠姓和騎馬的權利，這可以說是開天闢地以來的壯舉，從而奠定了士、農、工、商四民平等的基礎。今後在日本，除了各人因為才德、地位而獲得相應的身分之外，再也不會出現從一出生就有高低貴賤等級之分的情況了。又如人們不可以對政府官員無禮，儘管這是理所應當的事情，但這並非由於其人地位高貴，而只是由於他們身具才德，盡忠職守，為了全體國民履行的國法所賦予的神聖職責，這才是他們值得尊重的原因，因此並非人的尊貴而是國法尊貴。以前，在幕府時

9　新政，即明治維新。

期，將軍身邊的茶僮在東海道[10]上可以通行無阻，這是人盡皆知的事情。另外，就算是將軍所飼養的鷹，也要比常人更為尊貴，走在路上，遇到「御用」[11]的馬便要讓路，總之，但凡帶著「御用」兩個字的東西，就算是磚頭瓦塊也是非常寶貴的。這是由於人們自成千上百年以來，一面儘管心存厭惡，但另一方面卻又習慣成自然，進而導致上、下兩階層之間形成了這種陋習。但這畢竟不是由於法的可貴和物的可貴，只是政府強逞威橫，令人生畏，進而希望藉此來妨礙人們享有自由的卑鄙做法，這就是所謂的不帶有實質內容的虛威而已。到了眼下，這種淺陋的制度和風俗在日本國內早已絕跡。所以每個人都能夠安心，即使對政府有什麼意見和建議也無須隱瞞，在暗地裡一吐為快，只要遵循正道，按照法律規定的程序，平心靜氣的向政府提出，並且毫不隱瞞的說出來。只要這些意見和建議順應天理人情，那麼就算是拚了命也值得力爭，這就是身為日本國民的職責和本分所在。

正如前面我所說的那樣，基於天理，個人與國家都應該是自由和不受限制的。倘若一個國家的自由受到了侵害，那就是與世界上所有的國家為敵也沒什麼可怕的，倘若個人的自由受到了侵害，那麼政府官員也不足懼。況且近年來已經建立起了士農工商四民平等的基礎，大家更是可以放心，只

---

10 東海道，德川幕府時期從東京經由名古屋通往京都的驛路。
11 御用，這裡指日本幕府時代將軍專用。

要符合天理和法律就可以大膽去做任何事。但是每個人都有各自所對應的身分，需要按照各自的身分且具備相應的才能和品德，要想做到這一點就需要明白事理，要想明白事理就需要一心向學，這也是學問之所以成為我們面臨的首要任務的原因。

　　照目前的情形來看，農、工、商三者的身分較之以往已經提高了百倍，並且呈現出了與士人並駕齊驅的趨勢，如果前三者之中出現了人才，而政府也已經打開了擢升任用的門路。那他們就應該愛惜自己的羽毛，不要再做出卑劣的事情。這個世界上，大概再也沒有無知的文盲一樣又可憐又恨的人了。因為無知到了極點，便會不知羞恥，因為自己沒有知識而陷入貧窮和飢寒交迫的境地，但又不會從自己身上找原因，反而對身邊或鄰近的富人的產生怨恨之情，以至於糾集一幫匪徒，發動暴動和叛亂變亂，真可以說是不知羞恥，鋌而走險、以身試法了。這群人一面依靠著國家的法制保障來確保自身的安全並維持全家的生活，但同時又為了滿足自己的私欲而破壞自己賴以生存的法制，這難道不是自相矛盾嗎？還有那些身家清白以及擁有可觀財產的人，只顧著賺錢，卻忽視了對子孫的教育。他們的子孫既然沒有受到良好的教育，那麼變得愚不可及也就不足為怪了。最後有很多變成了放蕩懶惰的人，令繼承下來的祖業在一夜之間化為煙雲。管理這樣一群愚民，絕對不能透過講道理的方式來讓他

們變得服從，只能透過強力來讓他們畏服。西洋有句俗語是這樣說的：愚民頭頂有暴政，就是針對這種情況來說的。這並非政府過於嚴厲，而是愚民自己惹來的禍殃。因為愚民會受到政府的嚴管，而良民則會得到政府的良好保障，這是自然之理，所以我們日本國內現在既然有這樣的人民，自然也就會有這樣的政治。如果人民的品行比現在還要差，而且都是不學習的文盲，那麼政府的法令會比此時更嚴苛。但是如果人們都一心向學，通情達理，並且能夠逐漸養成文明的風氣，那麼政府的法令便會逐漸變得寬容大度。由此可見，法令的寬容與嚴酷，只是根據人民有德無德而變得具有彈性的。不會有人歡迎苛政而討厭仁政，也不會有人不想讓自己的國家變得富強而甘心受外國的侮辱，這也是人之常情。生活在當今這個世界上，凡有心報國之人，無須為此身心俱疲，更無須憂慮難安，只要自己努力的主要方向能夠順應人情，首先讓自身的品行端正，一心求學，讓自己獲與自己身分相配的智力與德行，那麼政府在施行各項政策的時候也就會很容易了，人民也不會覺得接受政府的統治是一件苦事，反而能夠各得其所，大家齊心協力，共同維護這個國家的安定團結——而我勸大家求學的目的也正在於此。

本篇後記

此次我的家鄉中津開辦學校，我寫了〈學問的旨趣〉這篇文章，為了方便同鄉舊友們閱讀，曾經將其裝訂成冊。有人看過此書之後說道：「這本書不但可以供中津的友人閱讀，假如

廣泛傳播的話，還可以令世人獲得更多的教益。」因此聽從大家的勸告，將此文交由慶應義塾排版印刷，以供同道之士閱覽。

福澤諭吉小幡篤次郎志 [12]

明治四年未十二月

---

12 小幡篤次郎：福澤諭吉的早期弟子，兩人同為中津人。小幡篤次郎是中津學校首任校長，因此名義上兩人在此共同署名。

第二篇　論人與人平等

　　從廣義來看，既有無形的學問，也有有形的學問，比如心理學、神學、哲學等等都屬於無形的學問，而天文學、地理學、物理學、化學等學科，都屬於有形的學問。它們有的可以讓人增長知識和見聞，有的可以讓人明辨事理和知曉做人的本分。為了增長知識和見聞，有時需要傾聽他人的言論，有時需要自己努力修習，有時需要讀大量的書，因此求學一定要先懂得文字。但是如果像古人那樣，認為只要能夠誦讀文字便算是學問，那就大錯而特錯了。文字只能算是我們求學的工具和方法，就如同人們修建房屋時必須要使用斧鋸一樣；儘管斧鋸是建造房屋必不可少的工具，但如果只是知道工具的名字卻不知道如何運用這些工具來建造房屋，那便不能稱之為木工。正是由於如此，只會誦讀文字卻不能明辨事理的人，是無法被稱為學者的，人們所說的「只會讀論語、卻不知論語」就是這個道理。對於那些能夠背誦日本國的《古事記》[13] 卻不知道目前的米價，我們便可以說他是不知道怎麼過日子的人。再比如通曉經史之奧義卻不明白如何經商，無法真正展開貿易，我們便可以說他是不善於理財

13《古事記》，日本古代官方修定的史書，所記內容從上古神話傳說時代開
　始，一直到推古天皇時期（西元 554－628 年）結束。

之人。再比如有個人多年來歷盡艱辛，花了好多的學費，雖然在西學方面有所小成，卻無法解決個人溫飽，那我們就可以說他學的都是不諳時勢的學問。這樣的人只能被稱為文字的批發者，其功能與會吃飯的字典別無二致，對國家來說也是一點用都沒有的廢物，甚至可以將其稱為妨礙經濟發展的寄生蟲。由此可見，過日子也是一門學問，理財也是一門學問，能夠洞察時勢也是一門學問，只要會誦讀日本、中國與西洋的書籍便可以說是有學問的人，哪有這樣的道理？這本書儘管名為「勸學」，但其目的可不光是為了勸人誦讀文字。書裡很多內容都是從西洋的書裡直接翻譯或者根據其含義所撰寫的，並且或抽象、或具體的舉出了一些人們可以對照參悟的事例，指明了學問的主要目標。這裡將我此前所寫的一篇文章作為第一篇，然後對其意進行引申寫出下面的第二篇，並且打算再接著寫第三篇和第四篇。

論人與人平等

在第一篇的開頭，我就曾經說過：人天生就是平等的、自由的、不存在高低貴賤的區別。現在在此基礎上繼續引申，進行更加深入的闡述：人的出生是上天使然，而並非源自人力。他們之所以可以相互敬愛，各盡其責而又互不妨礙，是因此從根本上說都屬於人類，都生活在同一片天地間。正如一個家庭之中兄弟間和睦相處，從根本上來說也是

建立在同為骨肉兄弟，擁有同一個父親、母親的人倫大義的基礎上的。

因此如果針對人和人之間的均衡一致來說，我們就不得不說人與人之間是平等的。但是這種平等並非現實生活中的絕對平等，而是說在基本權利方面是平等的。如果針對現實情況來說，那麼世界上確實存在著極大的貧富差別、強弱差別、智愚差別：有些是諸侯貴族，住在豪華的宮殿裡，每天錦衣玉食；有的人是苦勞力，租住在陋巷暗室之中，終日為了衣食而奔波；有的人施展自己的才智，擔任官吏或身為巨賈，縱橫天下；還有人全無半點智慧，終生只能沿街叫賣糖果糊口；不但有身強體壯的摔跤力士，也有嬌弱無力、賣笑為生妓女。儘管這些人有著天壤之別，但從另外一個角度來看，只針對這些人的基本人權來說，其實是完全平等、沒有任何區別的。所謂的基本權利，包括每個人都重視的生命權、努力維護的財產權以及極為珍重的名譽權。上天既然讓人類誕生，便賦予了他們身心等各方面的活動，當人們可以實現上面這些權利。這是不管怎樣都無法用人力來造成妨害的。諸侯的性命和苦勞力的性命同樣都是非常珍貴的，富商巨賈之於萬金和糖果小販之於一分一厘，他們把它們當成自己的財產進行守護的心態都是相同的。社會上有兩句很不好的諺語：一句是說「哭鬧的孩子和地頭[14]不容易對付」，還有

---

14 地頭，封建時代的日本地方官吏，主要負責徵收租稅。

一句是說「父親與雇主都不講道理」。因此有人就說人的權利也需要加以限制。這只不過是混淆現實情況和基本權利的說法。地頭與農民儘管在現實情況方面有所不同，但在權利方面並沒有什麼不同之處，假如發生農民身上的痛楚也讓地頭感受一下，他同樣會痛得難以忍受，假如將地頭喜歡吃的東西放進農民的口中，農民當然也會喜歡吃，厭惡疼痛與喜食美味是人們七情六欲的正常表現，在不妨礙其他人的範圍內實現想要實現的情感和欲望便是人的權利。這種權利在地頭與農民的身上沒有任何輕重的區別，只不過地頭富有而強大，農民貧窮且弱小罷了。貧富與強弱是每個人的現實狀況，原本也不是完全一樣的。可是假如有人現在想憑藉自己的富有和強大，對貧窮弱小者蠻橫無理，認為這也是由於現實狀況不同，而不會對他人應當享有的正當權利造成妨礙，那就如同一個大力士認為自己的腕力很強，於是就憑藉自己的腕力將旁人的手腕扭斷一樣。儘管旁人的腕力原本就不如打力士的腕力那麼強，可是儘管他的腕力原本就弱，卻並不妨礙他個人去靈活的使用，因此這不能變成他的手腕被扭斷的理由，只能說他的手腕被大力士扭斷是一種極大的不幸。

　　現在將上面所說的理論與世事結合起來談一談。在以前的幕府時代，武士與平民之間有著非常大的區別，武士們橫行霸道，對待農民和商人就像今天政府對待犯人一樣，甚至

出現了「格殺勿論」[15] 的規定。在這樣的規定下，平民的生命似乎並不是屬於他自己的，更好像是從武士階層手中借來的、隨時會被索還一樣。農民和商人沒有任何來由的要在武士面前低聲下氣，在外要讓路，在家要讓坐，就連自己餵養的馬也不能騎。這難道不是太過霸道、不講道理嗎？

上面所說的是武士和平民階層人與人之間這種相對來說的不公平。至於政府與人民之間的關係，就更是不像話了。幕府與三百諸侯在各自的藩地上建立了小政府，可以隨意的處置農民和商人，有時儘管會裝出一副慈悲相，但實際上仍然不允許人們獲得正當的權利，在很多方面令人實在是不忍直視。原本政府與人民之間的關係，就如同上面所說的那樣，在實際情況中只是強弱的程度不同罷了，但在真正權利方面卻並沒有什麼不同。農民種植稻米養活了大家，商人從事貿易來為世人提供便利，這是他們的職責。政府修訂法律，懲治惡人，保護良民，這是它的職責。為了更好的履行這些職責，政府需要非常多的財政經費，但政府自身又不會生產米穀金錢，所以就需要向農民和商人徵收稅賦，用以維持各項支出，但這一點是經過雙方同意之後所確定的協定，這便是政府與人民雙方立下的約定。因此倘若農民和商人能夠按時繳納賦稅，嚴格遵守法律，那麼就可以說他們盡到了

---

15 格殺勿論，德川幕府時期，武士只要覺得平民與賤民的行為對自己無禮，便可以隨時隨地拔出刀來將他們殺死。

自己的職責；而政府在得到了這些賦稅之後，將其用於正當的支出，又能夠為人民提供保護，那麼也可以說政府盡到了自己的職責。假如雙方都盡到了義務，又沒有違背約定，自然就不會發生什麼異議，那麼雙方各自行使自己的權利，沒有道理向對方進行任何的干涉。但是在幕府時期，人們將政府稱為主上，假如是奉主上的命令去辦差，便肆意的逞威風，一路上坐轎子不給錢，坐船渡河不給錢，讓挑夫挑擔子不給錢，這些老爺們甚至還會向挑夫勒索錢財用來喝酒，真的是可惡之極。除此之外，還要為了滿足王公貴族的的嗜好與享受而興建各種土木工程，或是由於官吏瀆職，辦事不公，用度無算，以致收入遠遠趕不上支出，因此就想出各式各樣的名目來徵收苛捐雜稅，美其名曰「回報國恩」。所謂「國恩」的含義，據稱是能讓農民商人等不用害怕盜賊和暴徒，過上幸福安樂的生活，便可以算是政府賜予的恩惠。人民能夠過上幸福安樂的生活固然是仰賴政府制定法律來保護他們，可是制訂法律、保護人民本來就是政府需要盡到的職責，這不能稱為恩惠。倘若政府將為人民提供保護稱為恩惠的話，那麼農民和商人為政府提供財稅收入，也就可以稱為恩惠了。再如政府將處理人民的訴訟事務當作自己的負擔，那麼人民也可以這樣說：「自己辛苦種出來十包稻米，卻被拿走了五包作為租稅，那麼這可以說是我們最沉重的負擔了。」所以說「公說公有理，婆說婆有理」，道理永遠是說不

清的。反正假如相互之間有相同的恩惠，那就不存在一方需要向另一方道謝，而另一方心安理得的道理了。

對這種惡俗的起因進行追溯，其實是從根本上違背了人類生來平等這一大原則，將貧富強弱的現實狀況當成了為非作歹的理由，導致政府憑藉強權剝奪了貧弱人民的權利。所以一個人一定要時刻謹記相互平等這一原則，這是人類社會最重要的一件事。用西方人的話來解釋，就是「reciprocity」（互惠、互助）和「equality」（平等）。我在第一篇開頭所說的人和人之間生來就是平等的，也是這個意思。

上面的議論儘管看似是對農民和商人的偏袒，而且看上去好像有些誇張，但從另一個角度來看，又可以得出其他一些結論。舉凡與別人往來的方法，必須要根據對象的不同而變換方法。以前人民與政府之間的關係可以說是二位一體但又有職責上的分別，而且建立在了接下來所說的緊密的約束的基礎上：即政府作為人民的代表來執掌法律，人民必須要謹守法律。比如現在，日本國內凡是遵奉「明治」這個年號的人，便等同於締結約定，同意遵守政府頒布的法令。所以一旦國法制定並公布，即使是對少數人造成了不便，那麼在對其進行修訂之前也不可變更，一定要萬分小心、謹慎遵守，這便是人民的責任。可是總有些不學無術的文盲，他們連「有無道理」的「理」字都不明白，除了衣食住行之外再也不知道別的。因為不學習，所以有著強烈的貪欲，公然欺

騙別人，狡猾的逃避政府的法令，不知道國法和自己的職責
到底是什麼。儘管子女成群，卻不知道如何教育子女，這便
是通常所說的毫無廉恥、鋌而走險、以身試法的惡徒蠢才。
如果他們子孫繁盛，那麼對國家而言不僅無益，而且有害。
要懲治這樣的惡徒蠢才，絕對不可以跟他們講道理，除非在
迫不得已的情況用武力來震懾那些橫行霸道的大害之外，再
也沒有其他的好辦法。這便是世上所以存在有強權政府的原
因。不但我們以前的幕府是這樣，自古以來，亞洲各國都是
如此。因此一個國家的暴政不一定都是由於暴君酷吏導致
的，事實上也可能是因為人民的無知而導致的禍殃。有些人
受到他人的唆使，去從事暗殺活動；有些人誤解了新法，發
動了暴亂；有些人採用強盜的方法，洗劫了富有的人家，酗
酒偷盜——這些人的行為簡直不是人類所能做出的行為。
要想治理這些蟊賊，即使是釋迦牟尼和孔夫子，恐怕也沒有
什麼好的辦法，因此只能透過嚴厲的政令來管理。所以我們
可以這麼說：如果人民不想在暴政下生活，就一定要盡快立
志求學，提升自己的才能和德行，使其達到能夠與政府平等
的程度，這便是我們勸導世人一心求學的宗旨。

第三篇　論國與國平等

正如第二篇所說的那樣：生而為人，不論強弱和貧富，也不論人民還是政府，互相之間在權利方面是沒有任何差別的。這裡進一步延伸這層意思來討論一下國與國之間的關係：無論哪個國家都是由它的人民所組成的，日本這個國家是由日本的國民組成的；英國這個國家則是由英國的國民組成的。既然日本的國民和英國的國民一樣，都是天地之間的人，那麼相互之間也就不存在妨害權利的道理。一個人既然不存在加害另外一個人的道理，那麼兩個人也不存在加害另外兩個人的道理，推而廣之，一百萬人、一千萬人也是一樣。事物的道理原本就不應該根據人數多少來改變。

環顧世界各國，有些國家由於文明開化，文事武備各方面都非常昌盛，因此成了富有強大的國家；有的由於蒙昧尚未開化，文事武備各方面都處於落後狀態，因此積貧積弱。一般來說，歐美各國富強，亞非各國貧弱。儘管這些國家的現實狀況存在著貧富強弱的差別，但假如此時有的國家想依仗著自己的富強之勢來欺壓弱國，那麼就跟大力士用蠻力扭斷有病之人的手腕一樣，對國家的權利來說，這是不可容忍的。

以今天日本的現狀而言，儘管有些地方尚且趕不上富強

的西洋各國,但僅僅針對國家的權利而言,卻不存在絲毫輕重的區別。假如平白無故的受到了外來的欺凌,那麼就算是與全世界為敵也沒什麼可懼怕的。就像第一篇裡所說的那樣,「那麼日本的全體國民就應該拚出性命來抗爭,以達到使國威不墜的目的」。說的就是這個道理。況且貧富強弱本來就不是上天注定的,只取決於人是否努力。今日之愚人到了明天可以變為智者,以前富有強大的國家如今可能淪為貧弱之國,從古到今這樣例子絕不鮮見。假如我們日本國的國民從此之後立志求學,不斷充實自己的力量,先謀求個人的獨立,再謀求國家的富強,那麼西方人的強勢又有什麼可怕的?我們只須與講道理的國家建立邦交,對於不講理的國家就用武力驅逐它。這便是一個人獨立與一個國家獨立的道理。

每個人都能獨立,那麼國家就能獨立。

上面說國家與國家的地位是平等的,但是假如國人不能培養獨立之精神,那麼國家的獨立權利就仍然無法得到伸張。其中的理由包括以下三個方面:

第一、一個人如果不具備獨立精神,便不會深切的關心國事。

所謂的獨立,便是不再存著依賴別人的想法,可以自己主宰自己。比如自己可以辨明事理,處置得當,便是不仰賴

他人智慧所謀得的獨立。再比如可以靠自己身體或是內心的操勞來維持個人的生活，就是不仰賴別人給予錢財所獲得的獨立。假如每個人都沒有獨立之心，總想著依賴別人，那麼整個國家就全都是一些仰賴於別人的人，也不會有人來負責，這就如同盲人的隊伍裡沒有一個帶路的人，這是不行的。還有人援引孔子所說的「民可使由之，不可使知之」，假設社會上有一千個明眼人和一千個盲人，他們覺得只要讓明眼人在上統治盲人，盲人只要服從明眼人的意志就可以了。這種看法雖然是孔子所提出來的，但實際上也是非常錯誤的。

在一個國家之中，才能和品德足以當上統治者的，一千人裡面也不過只有一個人。假如一個國家人口百萬，那麼其中的智者也不過一千人左右，剩下九十九萬多人全都是愚昧無知的小民。智者憑藉自己的才能和德行來治理這些人，要麼愛民如子，要麼牧撫如羊；他們恩威並施，指明了方向，人們也在不知不覺間服從了上位者的命令，所以國內沒有聽說過有盜竊殺人的案件發生，治理得非常安穩。但是國人之中可以分為主人、客人 —— 主人是那一千個有能力統治這個國家的智者，客人則是其餘那些對任何事都不聞不問的人。既然身為客人，自然也就無須操心，只要聽從主人的安排就行了，那麼他們對國家肯定也是冷漠麻木，毫不關心，不像主人那樣愛國了。在這樣的情形之下，發生在國內的一

些事情還可以勉強來應付，一旦和外國交戰，便會出現很大的問題。那時，人們由於無知，就算不會倒戈相向，也會因為把自己當成客人而認為沒有必要因此而犧牲自己的性命，以至於出現大多數人都逃跑的結果，因此這個國家雖然號稱擁有人口百萬，但真正到了需要國民獻身來保衛時，卻只有極少數的人留下來共進退，這樣的話，如果還想讓國家保持獨立就是一件很困難的事情了。

顯而易見，要想抵禦外侮，保家衛國，就一定要讓整個國家充滿一種自由、獨立的精神。每個人不分高低貴賤都需要將國家興亡的責任擔在自己的肩上，每個人不分智愚明昧都需要盡到一個國民應盡的義務。不論是英國人還是日本人，他們都擁護自己的國家，因為這個國家的土地並不屬於其他國家的國民，而是屬於自己的，因此愛國就要跟愛自己的家一樣。為了自己的國家，不但可以犧牲自己的財產，就算是犧牲自己的性命也在所不辭，這便是報國之大義。

以前政府管理政務，人民接受它的統治，只不過是為了便利才這樣劃分的。假如面臨著關係全國的大事，那麼從人民的職責角度來說，是沒有理由只將國事交給政府，而自己卻熟視無睹的。一個人只要擁有一個國家的國籍，那麼他便有在那個國家自由、隨意的飲食起居的權利；既然他擁有這樣的權利，那麼也就不能不盡自己的義務。

《勸學篇》

以前在戰國時代[16]，來自駿河的今川義元帶領著數萬人馬攻打織田信長的時候，織田信長在桶狹設下埋伏，襲擊今川所率領的人馬，最終斬殺了義元。今川的將士和兵馬都像小蜘蛛一樣四散奔逃，當時久負盛名的今川政權在一夕之間覆亡，連痕跡都找不到了。但是兩、三年之前發生在歐洲的普法戰爭，法國的皇帝拿破崙三世在戰爭剛剛開始的時候就被普魯士俘虜，但是法國人不但沒有因此而失望，反倒是更加鬥志昂揚，努力抗戰。此後雖然守城幾個月，付出了很大的犧牲，終於停戰講和，但法國卻基本保持了原狀。與今川戰爭相比，此次戰役卻是不可同日而語的。因為駿河的人民僅僅依靠今川一個人，以客位自居，不覺得駿河是自己的國家；至於法國的愛國之士，大多數都為國難感到深深的憂慮，不等別人勸說，就主動請纓，為國而戰，因此才會出現兩種不同的局面。由此我們可以明白一個道理：在保衛國家、抵抗外來侵略時，全國所有的人都要具備獨立的精神，只有這樣才能深切的關心國事，否則就絕無可能。

第二、在國內無法得到獨立地位的人，也無法在與外人接觸的時候獲得獨立的權利。

缺乏獨立精神的人，一定會對別人形成依賴；依賴別人

---

16 戰國時代：從西元十五世紀末開始，日本出現群雄割據、連年爭戰的局面，直到織田信長、豐臣秀吉等人完成了國家的統一。這段時間約有百年之久，被稱為戰國時代。

的人就必定會怕人；怕人的人必定會諂媚奉承別人。如果總是怕人和奉承人，慢慢形成習慣之後，他的臉皮就會變得像鐵皮那麼厚。對於應該感到羞恥的事情也不會覺得羞恥，應該與別人講道理的時候也不敢跟人辯論，見到別人之後只知道屈服。所謂的本性、習慣都是指這些，一旦變成習慣之後就很難改變了。比如目前日本平民已經獲得了冠姓和騎馬的允許；法院的工作風氣也有了變化；從表面來看，平民和士族之間已經是平等地位，但是老習慣並不是馬上就可以扭轉過來。因為平民的本性仍舊與以前沒有什麼變化，所以在言語答對這些方面還是非常謙卑的。一旦看到了上面的人，就無法講出一句有道理的話；讓他站住就站住；讓他跳就跳。那副柔弱順從的樣子，就如同家中所餵的瘦皮狗，真的是一點氣節也沒有，簡直可以說是不知羞恥到了極點。

以前在鎖國的時代，舊幕府採取嚴厲的政策對人民加以約束，人民儘管沒有氣節，但不僅沒有對政事造成妨礙，而且有利於進行統治。所以官吏便有意讓人民陷於愚昧無知、一味恭順的狀態，並為此而自鳴得意。但是到了如今與外國進行往來的時候，如果仍然如此，便會產生極大的危害了。比如說，長年居住在鄉下的商人想要跟外國的商人進行貿易，他們帶著恐懼的心理來到了橫濱。第一眼見到的就是外國人那魁梧的身體，然後是雄厚的資金、豪華的洋行、飛快行駛的輪船，便已經嚇得心驚膽戰，等到靠近了這些外國商

人，跟他們談價錢，或是遇到有些外商蠻橫無禮時，就會變得既驚且懼，雖然明知道對方是無理的一方，卻也只能忍受著極大的恥辱，更要遭受經濟上的損失。這樣的恥辱和損失不是屬於他一個人的，而是屬於整個國家的，這確實是愚蠢、糊塗到了極點。但假如我們追溯其根源的話，卻是由於他們的先輩世世代代都缺乏這種獨立的精神，以及商人本身所帶有的劣根性。商人經常會受到武士的欺凌，經常會在法院裡被罵，就算是遇到下級的士兵，也會將其當成大人來討好，他們的靈魂已經完全腐爛了，絕不可能透過一朝一夕就能洗滌乾淨。這些怯懦的人們，一旦碰上了那些膽大、剽悍的外國人，怎麼會不感到心驚膽戰呢！這便是在日本國內無法獨立的人在國外也無法獨立的有力證據。

第三、缺乏獨立精神的人會變得仗勢作惡。

以前在舊幕府時代，有一種被稱為「名目金」[17]的勾當，比如假借權勢熏天的「御三家」[18]的名義對外放貸，做法非常野蠻，著實令人覺得可恨。假如有人借了錢之後不能按時還款，原本是可以向政府進行多次控告的，但他們由於畏懼政府而不敢前去控告，反而採取卑鄙的手段，藉著別人的名

---

17 名目金：即假借有權勢的諸侯、大名、寺社的名義向外借出貸款，且利息很高。

18 御三家：指德川幕府時代的紀州、水戶、尾張三家（藩），其首代藩主都是德川家康的兒子，在全國諸侯之中地位最為顯赫。

義、仗著別人的威勢來催還貸款。這真的可以說是一種卑劣的做法。如今儘管已經沒有再聽說有誰是出借「名目金」的，但是社會上難保沒有假借外國人的名義對外放貸的人。由於我們無法得到確切的證明，也就無法明白的指出來，但只要想起以往那些事，也就不可能不對現在的人有所懷疑了。以後，我們要和外人雜處，假如真的有人假借外人的名義來做壞事，那就不得不說是國家的災禍了。所以，倘若人民沒有獨立的精神，那麼就算便於管理，卻也不能因此而疏於防範，因為災禍通常都是意外發生的。國民的獨立精神越少，出賣國家等的災禍發生的可能性也隨之增大，這便是我們前面所說的仗勢作惡。

　　上述三方面都是因為人民不具備獨立精神所容易導致的災禍。生在當今這個世界，只要擁有一顆愛國心，那麼無論是官是民，首先要做的事情就是謀求自身的獨立，如果行有餘力，那麼就去幫助他人獲得獨立。父親教導兒子獨立，兄長教導弟弟獨立，老師鼓勵學生獨立，士、農、工、商各個階層全部獨立，然後就去保衛自己的國家。總而言之，政府與其桎梏自己的國民而獨自為國事操勞，還不如解放他們，與他們同舟共濟。

第四篇　論學者的職責和本分

　　最近私下裡聽到一些自命不凡的見解。有些人認為：「日本以後是盛是衰很難透過個人的智力來進行明確的推理和判斷，但是不知道到底有沒有喪失獨立的危險，照眼下這種局面來看，倘若日本可以逐漸進步，或許有可能成為文明昌盛的國家。」有些人提出：「日本是否能夠保持獨立，如果不等二、三十年再看，這個問題是很難做出準確預判的。」有些人甚至還聽信了那些對日本極為蔑視的外國人的看法，認為不論如何，「反正日本的獨立是非常危險的」。

　　當然了，我們不會是那種不管聽到別人說什麼就信以為真、喪失信心的人，但是假如從根本上絲毫不懷疑日本能否保持獨立這個問題，那麼也就不會有人、有藉口提出上述這些問題來了。倘若我們去英國詢問英國：「大不列顛是否能夠保持獨立？」英國的人肯定會哈哈大笑，但絕對不會回答這個問題，因為他們認為這根本就不是一個問題，沒有任何值得懷疑和討論的餘地。儘管日本的文明程度已經較之前進步了很多，但很多人仍然不免對它的前途抱有疑慮，作為日本的國民，又怎能不對此感到寒心呢？我覺得既然生來就是一個日本人，那麼就不能不明確的認清並盡到自己的本分。原本「政」這個字的含義是指政府的職責，但是在民間也有

很多與政府無關的事務，因此為了做好全國所有的事，人民和政府一定要互相配合，我們來盡自己作為國民的本分，政府來盡作為政府的本分，互相幫助，只有這樣才能保持國家的獨立。

要想讓一件事物一直維持或保持下去，就必定讓它的力量達到平衡狀態。比如人的身體，要想保持健康，就必須要有充足的飲食、空氣與陽光。體表受到寒、熱、痛、癢等刺激，體內就會做出相應的反應，然後對全身進行調和。假如突然失去了外部的刺激，置一切於不顧，僅僅依靠身體內部的活動，那麼健康狀況連一天都不可能維持下去。國家也是如此，「政」是全國的功用，要調和這種功用，保障國家的獨立，在內需要依靠政府的力量，在外需要仰仗人民的力量，內外相互呼應，實現力量的平衡。所以政府就像身體內部的活動，人民就像身體外部感應到的刺激，假如突然失去了這種刺激，只是依靠政府力量來活動，那麼這個國家的獨立連一天都不可能保持住。倘若能夠明白養生之道，並將它的其原則用於治國，那麼對於這個道理也就不會有絲毫的懷疑了。

現在試觀日本現在的形勢，所無法與外國相比之處，大約就是貿易、學術和法律這三個方面。而世界文明的主要內容，也不外乎這三項。倘若這三項不能夠完備，那麼國家也就無法實現獨立，這一點不用說大家也都能夠明白。但是，

我們日本國這三項哪一項都不完備。

　　自從維新開始之後，政府方面也並非沒有在人力、物力方面進行投入，也不是沒有足夠的才力；但頒布的大部分措施總是無法讓人感到滿意，其原因就是國民大多數都是無知的文盲。政府也知道原因之所在，於是不斷頒布獎勵學問的法令，制定法律以及經商的準則，或是曉諭人民，或是示範先例。但是雖然用盡各式各樣的方法，直到今天卻沒有見到實效，其原因就是政府仍然是一個專制的政府，人民仍然是缺少志氣的愚民。所有的努力或許能夠稍微產生一些進步，可是如果與花費的精力、金錢來比較的話，那麼所獲得的效果則遠遠不夠。這到底是什麼原因呢？歸根結柢就是一個國家文明事業的昌盛絕對不能僅僅依靠政府自己的力量來舉辦的緣故。

　　或許有人會這樣認為：政府統治這一類的愚民只不過是臨時的策略，等到這些日後德、智並進，自然就能夠達到文明社會的要求。這樣的話可以說說，但絕對不可真正實行。日本國的人民受了幾千年專制統治的痛苦，每個人都不敢將自己的心裡話講出來，要麼是相互欺騙來苟且偷安、逃避罪責。大家都將欺騙當作為人處世的法寶，將不誠實當作日常的習慣，既不對此感到羞恥，也不認為這是咄咄怪事，自身的廉恥都已經喪失殆盡，又哪裡有空來關心國事呢？為了矯正這種不良的風氣，政府反而更加虛張聲勢，要麼就是加以

恫嚇，要麼就是進行叱責。原本想透過強力來讓誠實之風興起，反而讓人民對政府變得更加不信任，這種狀況恰似抱薪救火，最終導致了上下隔絕，變成了一種無形的風氣（差不多等於英語中所說的「Spirit」），無法立刻根除。從目前來看，儘管政府表面上已經有了很大的改觀，可是專制和壓迫的政風仍然存在。儘管從表面上看人民也得到了一點點權利，但是那種卑躬屈膝以及對政府不信任的風氣仍然沒有什麼改變。這種風氣雖然沒有什麼固定的形體，無法從一個人、一件事上來體會和感受，但它實際上卻有著很強大的力量。如果我們從它對於整個社會的影響來看，就可以明顯感覺到這種力量並不弱小。

我試著舉一個例子來進行說明。從當今官員的個人言行來看，他們似乎都是一些心胸豁達的名士、君子，對他們，我們不僅沒有任何成見，而且還會對他們的某些言行表示欽佩。從另外一個方面來看，在平民中也並非都是愚蠢無能之人，其中一些人也可以被稱為誠實公正的良民。但是這些君子在成為政府官員為人民辦事的時候，他們採取的很多措施都讓我們感到不滿。與此同時，那些誠實公正的良民只要稍微與政府一接近，便馬上變得卑躬屈膝，採用偽詐的詭計來欺騙官員，一點都不覺得羞恥。這種君子為政與良民變得卑躬屈膝的情狀就像是一個長著兩個頭的人，在私是個智者，在官是個愚民，也可以用「散則明，聚則暗」來形容。在政

府內部，應該聚集著很多的智者，但他們卻做出了愚人才會做的事情，這怎能不令人感到奇怪呢？探究其本源，應當是受到了上述風氣的影響，以至於讓人們無法充分發揮自己的才能。自從維新開始之後，儘管政府努力振興學術、貿易和法律等，卻始終未見成效，其原因也是由於這一點。採用一時的權術來統治人民，等待人民德智的增長，如果這不是透過威力來迫使人民進入文明的狀態，便是採取欺騙的手段讓人民偽裝成善良的人。政府如果使用強力，人民便會透過詐偽的手段來應付；政府如果使用欺詐的手段，人民就只是在表面上變得服從，這絕對不是什麼上上之策。就算策略再巧妙，但如果只是想透過它來推動文明的發現，顯然是無濟於事的。因此，我們說推動社會文明的發展，絕對不能只依靠政府的力量。從中我們也可以看，假如此時日本要進入文明的領域，必須首先將已經刻在人內心深處的風氣清除乾淨。其清除的方法，僅依靠政府的命令和私人說教是很難收到成效的，必須要有先進者以及為人民做表率的人。做表率的人物既不能在商人和農民之中尋找，也不能在日本的國學家與漢學家之中尋找，只有洋學家才能夠當此重任，但也不能對他們抱著完全相信的態度。最近社會上這一派人物已經慢慢變得多了起來，他們要麼講授西文，要麼專門閱讀翻譯書籍，雖然看上去竭盡了全力，但有些學者只會讀文字，卻不了解其中的含義，要麼就了解其中的含義卻沒有實行的意

願，對於這一部分人的行為，我們不能不有所懷疑。這種懷疑就是：這些君子和學者都只知道如何做官，卻不知道靠自己的力量來興辦實業；只知道居於政府上位的權術，卻不知道處於政府管轄之下時應該如何行事，還是難免沾染上漢學家的舊習氣，就像披著西洋外衣的漢學一樣。

接下來我試著舉出幾個實際例子加以說明。如今洋學家們全部走上了仕途，但自己興辦事業的寥寥無幾。他們的目的不只是為了貪利，還因為他們從一出生就受到了先入為主的教育——眼睛只是盯著政府，覺得不是政府的事情就不能去做。抱著如此的成見，他們心裡想的就只是實現自己平生所抱的「平步青雲」的理想；這一點就連社會上那些德高望重的大人先生們也是概莫能外。他們的行為看上去雖然卑賤，但其真實用心卻也無須深究，因為他們的本心也壞不到哪裡去，只不過是在不知不覺間被社會風氣同化了而已。德高望重的君子大人尚且如此，庸碌大眾又怎能不效仿他們這種習氣呢？

年輕的學生只不過讀了幾本書便想著當官；想要經商的人手裡只拿著幾百元錢，就想藉官府的名頭去做生意。創建一所學校需要政府許可，傳教布道需要政府許可，就連放羊、養蠶也要政府的許可，算下來民間諸事之中百分之七、八十都與政府有關。所以，天下人望風披靡——畏懼官，羨慕官，奉承官，投靠官，不具備一絲一毫的真正獨立的精

神，那種醜態真的是令人不忍直視。比如目前正在出版的報刊以及來自各方面的條陳和上書，也能算是一個證據。雖然日本的出版條例並沒有那麼嚴格，但是報紙上不僅絕對沒有冒犯政府、觸動忌諱的新聞刊登出來，而且只要政府做了一些小小的好事，就會進行過分甚至是誇張的稱讚，幾乎跟妓女討好嫖客一樣。

再看看那些條陳和上書，這種文章往往用極為謙卑的言辭寫成，文章中將政府奉若神明，將自己貶低得像一個罪人，用這樣一種社會上地位不對等的人物交流時才會使用的虛文俗套，真可以說是不知廉恥。讀過這些文章之後，只能將他們想像成一群癲狂的人。可是如今負責出版報紙或是向政府上書的人，差不多都是社會上那些洋學家。就他們個人的本性而言，不見得是妓女，也不見得是癲狂之人，他們之所以會不誠實到了如此地步，是由於目前社會上尚未有首先提倡民權的實例，每個人都被那種卑劣的風氣影響和控制，以至於同流合汙，所以無法展現出人民的本色。總而言之：就目前來看，我們可以認為日本還是只有政府，卻沒有人民。因此要想徹底革新這種風氣，推動社會文明的發展，就不能只靠現在這些洋學家。

假如上述論點是正確的，那麼要想推動日本國文明發展並保持獨立，就不能只靠政府一方面來努力，也不能寄希望於那些洋學家。像我們這樣的人不但要為那些愚昧的人民做

一個榜樣，而且要成為洋學家們的先驅，為他們指明方向。想想我們現在的身分，學識當然還是很淺薄的，但是立志研究西洋學問已經有很長的時間了，在日本國內的地位差不多處在中等以上；最近這些年來的改革事業儘管不是由我們來擔任主力，但也在暗中幫了不少忙。即使是沒有在暗中幫忙，只要人們看到我們對改革持歡迎態度，也必然會將我們視為改革家；既然背上了改革家的名頭，又處在中等以上的地位，那麼人民自然就會將我們的一言一行當成範例。因此我們的任務也就是發揮帶頭作用。

　　無論什麼事，與其下達強制命令來推行，倒不如採取說服教育的方法，但還有更好的方法，那就是做出點實際的事例給別人作榜樣。政府雖然有權下達命令，但想要說服人民以及用實例做示範，更多的屬於個人的行為，因此我們便應改從個人的立場和角度出發，要麼進行學術研究，要麼從事商品貿易，要麼宣講法律，要麼著書立說，要麼出版報紙等等，只要我們所做的事情沒有超過人民的本分，就可以放心大膽的做。我們嚴格遵守法律，照章辦事，如果由於政府政令執行不到位而覺得自己受了委屈，也不要畏縮，應該據理力爭，這就如同向政府當頭棒喝一樣，革除積蓄已久的弊病，讓人民獲得權力，確實是今日最急迫的事務。本來私營事業有很多種類，做這些事的人也可以說是各有所長，所以我們也無須要求所有的學者都來做這些事情。我想要的並不

是向別人展示辦事的能力，而是想讓世人明白舉辦私營事業應該從哪個方向著手。

與其費一百次力氣試圖說服別人，不如用一次實例作為示範。現在讓我們一起樹立舉辦私營事業的實例，就能夠讓人們明白，人間的事業是不能只靠政府來做的，學者各自站在自己的立場，都可以舉辦個人的事業。政府是這個國家的政府，人民也是這個國家的人民，所以人民也不應對政府感到害怕，而是應該向政府靠攏；不應該對政府感到疑慮，反而應該與政府親近。假如明白了這樣的道理，人們就會慢慢明白正確的方向在哪裡，上層和下層之間原有的風氣也會慢慢消弭；只有這樣才能夠產生真正的日本國民，讓他們不至於變成政府的玩物，而是真正成為刺激政府不斷前進的力量，進而使人們在學術上、商業上和法律上展現出各自的能力和天賦，人民和政府之間的力量對比也能夠達到平衡，進而保持國家的獨立。

總而言之：本篇的主要內容就是談論了當今的學者幫助政府實現獨立的兩種途徑，即進入政府當官與在政府權利範圍之外舉辦私人事業的利弊得失，並且對後者持贊同態度。假如仔細研究世上之事，我們就能明白，無利便意味著有害，無所得便意味著必定有所失，沒有什麼利弊得失參半的事情存在。我們並不是因為有什麼圖謀才主張舉辦私營事業的，只不過是將自己生平的見聞進行陳述和討論，假如社會

上有人能夠拿出確切的證據來反駁這一論點，清楚的指明私
營事業的不利之處，那我們是會非常高興的接受的，但是，
想必舉辦私營事業這一措施不會導致天下大亂這種嚴重的後
果吧！

第五篇　明治七年元旦獻詞

　　《勸學篇》原本是為了向民眾提供讀本以及小學課本而寫作的，因此從第一篇、第二篇到第三篇，我盡可能的使用了通俗易懂的文字，希望這樣可以方便閱讀。但是在寫第四篇的時候，我在文體上稍做了一些變化，偶爾也使用了一些比較難理解的文字。本篇是第五篇，是明治七年元旦當天，我在慶應義塾舉辦的同志集會上一篇演講稿。這篇文章在體裁上與第四篇基本上相同，間或也難免有一些難以理解的地方。因為這兩篇所面對的對象都是學者，中心論點也都是圍繞著他們所展開的，因此才使用了這種寫法。世上的學者通常都非常謹慎，缺少足夠的勇氣，但是閱讀文字的力量還是足夠的，不論多麼深奧的文字，也不會覺得困難，因此我便不加思索的將這兩篇文章的文字寫得有些難了，其中的意義自然也高深了一些，所以《勸學篇》這本書也就喪失了作為普通民眾讀本的價值，對於剛剛開始學習的人來說，真的是非常抱歉了。但是在第六篇之後，我會恢復了之前的體裁，力求做到通俗易懂，不再使用難以理解的文字，以便於初學者來閱讀。我也希望讀者不要根據這兩篇文章來判定全書的難易。

明治七年元旦獻詞

今天我們聚集在慶應義塾，共同迎接明治七年的元旦。「明治」這個年號是日本國獨有的年號，慶應義塾也是由我社獨立創辦的一所義塾；能夠在一座獨立的義塾裡迎接一個獨立的年號的新年，這難道不是一件非常令人高興的事情嗎？但是，凡事得到的之時固然可喜，失去之時也會讓人憂愁，因此我們今天在高興的同時，也不要忘記他日必有憂愁之事。

日本國雖然經歷了多次治亂興衰，政府也屢有更迭，可是直到今天，卻一直都沒有失去獨立的地位。歸結其原因，完全是由於日本的人民安於閉關鎖國的狀態，治亂興衰從來也不會跟外國發生關係。既然跟外國沒有關係，那麼治就成為一國之內的治，亂也便成了一國之內的亂。再說經歷了這樣的治亂興衰卻不曾喪失的獨立，終究也不過是一國之內的獨立，而非與外國交鋒之後所獲得的獨立。這就如同一直關在家中撫養、尚未與外人接觸和互動過的兒童一樣，它的脆弱性是不難想像出來的。

如今我們的國家突然與外國建立了外交關係，那麼國內發生的每一件事情就都跟外國建立起了千絲萬縷的關係，幾乎每一件事情都要參照外國來辦理。如果將日本從古至今所達到的文明程度與今天西洋各個國家的情況進行對比，那麼

就不只是要「退避三舍」，就算是想學習他們，也難免生出望洋興嘆的感慨，以至於更加認為日本的獨立地位是非常不牢固的了。

一個國家的文明程度如何，不可以單從表面進行衡量的，所謂的工業、學校、陸軍和海軍等等，這些不過是文明的表象，要想達到這種表象，並不是什麼難事，只要有錢，通通都能夠買到。但是在文明之中還應該存在一種無形的東西，用眼睛無法看到它，用耳朵無法聽到它，這種東西無法買賣，也不可借貸；但是它卻可以普遍的存在於全體國民的身上，發揮出強大的作用。如果沒有了這種東西，國家所擁有的工業、學校、陸軍和海軍等等也會全部失去效用，我們真的可以將其稱為「文明之精神」，因為它是一種非常重要而且非常偉大的東西。它到底是什麼呢？它就是每一個人都應該具備的獨立精神。

近年來，雖然日本國政府不斷的開設學校與興辦工業，海軍和陸軍的制度也有了大幅的改觀，在形式上已經初具文明國家的樣子。但是我們的國民還沒有堅定鞏固國家獨立地位的決心，也沒有準備好對外展開競爭。不光如此，就算是偶然獲得機會了解了西方國家的情況，也仍然有人在還沒有進行了解之前就感到畏懼，既然總是帶著畏懼心理，那麼就算我們稍微能夠學習或者得到些什麼，也無法對外使用。由此可見，如果人民不具備獨立的精神，就算在形式上擁有了

文明，最終也會使這些形式上東西變成無用的廢物。

　　我們國家的人民缺少獨立精神的根源，是因為幾千年來國家的權柄完全掌握在政府的手裡，不論文事、武備還是工業、商業，甚至是民間的瑣碎細節，也全都歸政府來管轄。人民只知道在政府的指揮下奔走操勞，國家如同政府的私有財產，國民更像是寄居在這個國家的食客一樣。人民既然變得像四處流浪的食客，只能寄食於這個國家內部，便會將國家視為旅館，從來也不會對國家進行深切的關心，這樣也就無法得到表現自己獨立精神的機會，久而久之就會成為流行全國的風習，到了如今，這種風習就更是變本加厲了。但凡世間之事，不退則進，不進則退，絕對沒有不退不進、處於停滯狀態的道理。試看現在日本國的形勢，就算在文明的形式上已經有了一些進步，但作為文明精神核心的人民的獨立精神卻一天天衰退。現在就針對這一點來進行討論：從前，在足利時代[19]與德川時代，政府只是靠著強力來奴役人民，人民向政府臣服是因為力量不夠強大。力量不夠強大並不能讓他們對政府心悅誠服，他們只不過是懾於政府的強力而在表面上屈服罷了。如今政府不但有強大的實力，而且有著非常敏銳的智力，一直以來做事都能把握最佳時機，因此施行新政還不到十年的時間，便興建了學校，改革了軍事、有了

19足利時代，又稱室町時代，始於西元 1378 年，結束於西元 1565 年，因
　第一代將軍為足利尊氏而得名。

鐵路和電報，還修建了很多橋梁、隧道等，其決斷之迅速，業績之輝煌，的確能夠令人感到耳目一新。但是這些學校、軍隊乃是政府的學校和軍隊，鐵路和電報也是政府的鐵路和電報，橋梁和隧道當然也是屬於政府的。

那麼人民到底如何看待這一切的呢？人們都這樣說：政府不但有能力，而且也很有智慧，我等實在難以企及；政府在上面統治著整個國家，我們在下面完全仰賴著這個國家，為國事有心操勞是政府的職責，與在下位的百姓沒有關係。概括來說，古代的政府只知道使用武力，如今的政府是武力、智力兼用；古代的政府不懂得如何治理百姓，如今的政府擁有豐富智術和手段；古代的政府是抑制民力，如今的政府是聚攏民心；古代的政府是從外部壓榨人民，如今的政府是從內部來對人民進行控制；在古代，人民將政府視為魔鬼，如今，人民卻將政府視為神明；古代的人民對政府心存畏懼，如今的人民對政府崇拜萬分。如果不趁著現在這種情勢盡快改弦更張的話，那麼政府日後再宣導什麼事情，就算文明的形式越來越完備，但人民卻只會越來越失去獨立精神，進而導致文明的精神也慢慢衰退。比如政府現在設立了常備軍隊，人民原本應當將其看作保衛國家的軍隊，手舞足蹈的慶祝它的發展壯大，但實際上卻將它視為恐嚇脅迫人民的工具，因此一想到它心裡便充滿了恐懼。又比如政府現在興辦了學校、鋪設了鐵路，人民原本應該將這些當作一個國

家文明的象徵進行誇耀，但事實上卻將它當作了政府賜予的恩惠，在這樣的恩賜之下，那種依賴的心理就變得更加強烈了。既然人民對自己國家的政府抱著一種恐懼畏縮的心態，又怎能談及在文明方面與外國展開競爭這個話題呢？因此倘若人民不具備獨立精神的話，那麼這種表面上的文明就不僅僅是沒有任何用處的廢物，甚至還會讓民心萎靡不振。

由此可以看出，一個國家的文明，一來不能由政府自上而下發起，二來也不能在普通民眾中自下而上產生，而是需要讓那些居於兩者之間的人來發起，這樣一來可以向人民群眾指明方向，二來可以和政府齊心協力，共同合作，只有這樣才能渴望獲得成功。對西洋各國的歷史進行考察之後，工、商業的經營之道沒有一個是由政府來創立的。其基本技術都是居於社會中等地位的專家學者們研究和發明出來的。比如瓦特發明出了蒸汽機，史蒂文生[20]研製出了鐵路，亞當‧史密斯[21]第一個對經濟規律和經商方法進行了研究和改進。這些重要的專家（也就是人們所說的「中產階級」）既不是執掌國家政權的政治家，也不是從事體力勞動的平民，而是正好居於政府與平民二者之間的中等地位，透過智力的

---

20 史蒂文生（George Stephenson，西元 1781 - 1848 年），英國土木工程師、機械工程師和發明家，被稱為「鐵路之父」。

21 亞當‧史密斯（Adam Smith，西元 1723 - 1790 年），英國經濟學家、哲學家和作家，主張自由貿易，被譽為「經濟學之父」。

運用來引領社會發展的人。他們的研發成果，首先會讓一個
人在內心有所領悟，此後再公開發表，並且在實際推行和應
用的過程中結交更多的私人同志，讓其一天天發展壯大，將
為人民造福的偉大事業流傳下去。在這樣的時刻，政府只要
不去阻撓，然後適時加以鼓勵，體察人心之所向，盡量對其
進行保護就可以了。因此由少數人來首倡並興辦文明事業，
但政府則需要出面保護文明事業的發展，如此一個國家的人
民就可以將增進文明當作自己的責任，而且會相互競爭和比
賽，並相互誇耀和羨慕。在國內發生了一件好事，那麼整個
國家的人都會拍手稱快，唯恐讓其他國搶占先機，因此文明
的事業便會成為讓人民增長志氣的工具和方式，無論什麼樣
的事物，都有助於幫助國家獲得獨立。但是我們國家的現狀
卻與我上面所說的情形正好相反。

　　目前，在我們日本國處於「中產階級」的地位，有能力
首倡文明、推動國家走向獨立的只有一些學者。但是他們觀
察、分析時局的眼光並不深刻，或是對國事的操勞不像對個
人事務那麼真切，或是被世風所同化，認為只能仰賴政府才
可以成事，他們幾乎都不能安於身為學者的現狀，最終都踏
入宦途，為了一點微末的俗務而奔波，讓身心受到勞累。儘
管他們的一舉一動頗多可笑之處，但他們卻心甘情願的這樣
做，那麼別人也就不會覺得奇怪；甚至有人將這種現象當
作「野無遺賢」的證明，並對此感到非常高興。這當然是時

勢所造成的，責任也並不在某一個人的身上，可是為了自己國家文明的前途考慮，卻可以將其說成一個極大的災難。學者的肩上擔著推動文明發展的重任，看著文明的精神日漸衰退卻置之不理，真是值得人們的哀嘆和痛哭了。只有我們慶應義塾裡的這些同仁，還可以免遭這種災禍，近年來大家尚未喪失獨立之精神，並努力的在這個獨立的義塾中培育獨立的精神，以期推動並保持國家的獨立。可是，在社會潮流那有如狂飆急流一樣的強大壓力之下，想要逆流而上或屹立不倒的確不是一件容易的事。倘若不具備非比尋常的勇氣和毅力，就會在不知不覺間隨波逐流，容易造成一失足成千古恨的局面。原來人的勇氣不能只透過讀書來獲得，讀書是獲得知識的方法，學問是如何做事的方法，如果不能多多接觸並熟悉實際的事務，是絕對無法產生勇氣的。在我們的同仁之中，已經掌握了上述方法的人，便應該甘於忍受貧窮和苦難，克服所有的困難，將自己掌握的知識和學問用在文明事業的發展上。至於可以興辦的事業就多得不可勝數了，比如發展商業貿易，鑽研法律，投資建廠，發展農業生產以及翻譯外國著作、從事新聞出版等。我們應該把所有的文明事業都當作自己應當負起來的責任，幫助政府，為民先驅，讓官、民的力量達到平衡，增強國家的實力，為目前這種還比較脆弱的獨立奠定一個不可動搖的牢固基礎，最終能夠達到與外國展開競爭而絲毫不退縮的狀態。假如從現在開始，又

《勸學篇》

過了幾十個元旦之後，我們再回憶起現在的光景，非但不認
為今天的獨立是一件值得高興的事情，反而感到既可憐又可
笑，那麼這難道不也是一件讓人感到非常痛快的事情嗎？所
以我也希望學者們能夠認定一個正確的方向，並透過自己的
努力來實現自己的目標。

第六篇　論尊重國法

　　政府是國民的代表者，需要根據國民的意志來履行職責。其職責無非兩點，一是制裁有罪之人，二是保護無罪之人。這便是國民意志的實現與執行。如果能夠達到這樣的成效，那麼對國家來說就是有好處的。本來有罪之人就會被視為惡人，無罪之人就會被視為善人，如果有惡人想要對善人造成傷害，那麼善人就必須自己進行預防；如果有人想要殺害自己的父、母、妻、子，就應該抓捕並殺了他；如果有人想要盜竊屬於自己的財產，就應該抓捕並對他施以鞭笞的刑罰，這原本也沒什麼不對的。但是如果要讓個人用自己有限的力量來應付或是防範數量較多的惡人，卻是非常吃力的。就算是做了充分的準備，也需要花費不小的人力、財力，而且不會獲得什麼成效。因此就像上面所說的那樣，制訂了以下的約定：成立代表著全體國民的政府，其職責就是保護善良的人，官員的薪水以及其他方面所花費的各項開銷，都由國民來承擔。既然政府是代表全體國民來行使權力的，那麼政府要做的事情也就是國民想要做的事，因此國民也一定要遵守政府頒布的法令才行，這是國民與政府兩者之間的約定。所以國民遵從政府的指令，並非是服從政府頒布的法律，而是服從他們自己制定出來的法律；國民對法律造成了

破壞，並非是破壞了政府頒布的法律，而是破壞了他們自己制定出來的法律；國民由於違犯法律而受到了刑罰，也並非是受到了政府的處罰，而是受到了他們自己所制定的法律的處罰。換句話說，這也意味著全國的人民都是一個人在做著兩個人的事情：一面是組建一個能夠代表自己的政府，用以制裁國內的惡人並保護善良的人，另一面是嚴格遵守自己與政府的約定，服從國家的法令，同時也接受國家的保護。

就像上面所說的，國民既然已經與政府有了約定，將執行政令的權力委託給了政府，那麼就絕對不能破壞這個約定，也不能違犯法律。比如：抓捕殺人犯並判處這些人死刑是政府所擁有的權力；抓捕和關押盜賊是政府所擁有的權力；對犯罪之人提起公訴是政府所擁有的權力；防止流氓鬥毆也是政府所擁有的權力，人民絕對不能在政府行使這些權力的時候進行干涉。假如違背了上述原則，私自殺死有罪之人，或是抓捕盜賊濫用私刑等等，那麼這樣的人同樣也觸犯了國法；如果私自判決他人有罪，那麼就是私設公堂，這也無法免罪的。對於這樣的罪行，世界上的文明國家在其所頒布的法律中都有著非常嚴厲的制裁措施，可以說既有足夠的威懾力，但同時又不至於用力過猛、矯枉過正。可是在日本這個國家，雖然政府擁有看上去很大的權威，但是有一部分人民只知道對政府心存畏懼，卻不知道法律的可貴。現在就將私下裁判有罪之人的弊病以及國法是多麼的可貴進行詳細

的分析：

　　比如我們的家裡來了強盜，威脅到了家人的生命安全，他們想要搶奪財物，這時身為一個家長的職責應該是將整件事情的經過原原本本的報告政府，等候政府進行處理。但如果事情發生得非常突然、非常著急，已經來不及向政府報告，而盜賊已在紛亂中進入了儲藏室，想要把所有的錢都搶走。如果想要在目前這樣的情況下來制止他，就連家長的性命都會有危險，所以全家人被逼無奈要展開私人防禦，為了一時的權宜之計而捉拿這個強盜，然後將其扭送政府。在捉拿這個盜賊的時候可能需要用到刀槍棍棒，也可能會對盜賊造成傷害，甚至是將盜賊的腿打斷，到了萬分緊急的情況下，就算槍殺他都有可能。雖然如此，但主人的目的終究是為了確保自己和家人的生命及財產安全，才使用了上面所說的這種權宜之計，他的目的絕對不是為了追查盜賊的違法犯罪行為、為了讓盜賊的罪行得到審判。因為只有政府才有權利處罰犯罪的人，私人是沒有這方面的職責的。因此動用私人的力量抓住盜賊之後，身為一介平民，就不能繼續毆打他，傷害他，也不能繼續侵犯他的相關權利，只能訴諸政府，等候政府對他進行公正的審判。如果抓住盜賊之後在盛怒之下毆打他，甚至殺傷他，那麼這樣的罪行跟殺害和毆打沒有罪的人是等同的。比如有一個國家的法律是這樣規定的，偷盜現金十元的人處以鞭笞之刑一百，用腳踢別人的臉

也是鞭笞一百。如果有一個盜賊潛入他人的住所，偷盜了十元錢之後便要逃走，結果卻被主人當場抓住，並把他捆了起來，甚至在盛怒之下用腳踢了這個盜賊的臉，那麼根據這個國家的法律，偷了十元錢的盜賊固然應該處以鞭笞一百的刑罰，但主人觸犯了禁止平民私自制裁盜賊以及用腳踢人臉的法律條款，也要受到鞭笞一百的刑罰。國法的嚴明就是這樣，因此人們必須要對法律心存敬畏。

從上面所講的道理進行考慮，可以明白報仇絕對不是最好的辦法[22]。殺了我的父母的人會因為在國內殺人而成為公眾的罪人，抓捕他和對他判刑是政府的責任，這不是平民能夠參與其中的事情，縱然自己是被殺之人的兒子，也不能私下裡代替政府去殺死這個公眾的罪人。這樣的舉動不但冒失，而且大膽，甚也可以說是罔顧人民的義務、違反了與政府確立的約定。如果政府對這件事的處理不妥當或是對罪犯有所偏袒，也只能按照具體的不公正的情況向政府提出申訴。不管發生了什麼樣的事故，都不應該自己動手；就算殺死親人的仇敵在自己面前徘徊，也不能在私下裡自己去殺害他。

以前，在德川幕府時代，淺野[23]的家臣為了替自己的主

---

22 明治六年二月，也就是福澤諭吉寫作此文的前一年，日本政府頒布法令禁止復仇。

23 淺野，名淺野長矩，是德川幕府時代播州一位諸侯，封地位於赤穗城，位

人報仇，殺死了吉良上野介，後世將他們稱為赤穗城的義士，這難道不是大錯特錯的行為嗎！當時的日本政府是德川幕府，淺野內匠頭[24]、吉良上野介[25]以及淺野的家臣身為日本的國民，應該都是按照約定遵守政府的法律，政府也應該保護他們。但由於一時的錯誤，上野介對內匠頭採取了無禮的舉動，內匠頭卻不知道向政府申訴，而是在盛怒的時候想要私下裡殺死上野介，以至於引發了雙方的爭鬥。在德川政府的裁判之下，內匠頭被責令切腹自殺，而上野介免於刑罰。這樣的判決的確是非常不公正的。但是淺野的家臣倘若覺得這樣的判決不公正，為什麼不向政府進行申訴呢？這裡假設四十七個義士在經過商議之後，根據法理向政府進行申訴，或許政府的確暴虐無道，在剛開始的時候對這一申訴不予理睬，也可能會將他們逮捕然後處死。就算如此，如果他們其中有一個被殺死之後，仍然不會畏懼，繼續進行上訴，這樣前仆後繼，直到四十七位家臣全都進行上訴、並為之獻出生命為止，那麼不管這個政府有多麼壞，終究會為理所屈，對上野介處以刑罰，進而更正原先的判決，只有這麼做才能被稱為真正的義士。可是以前的人們並不懂得這個道

於今日本廣島縣境內。

24 內匠頭，淺野長矩的官職名，主要掌管土木工程事務，類似於清朝的營造司郎中。

25 吉良，名吉良義央。上野介是官職名。上野是日本一個州，介為州裡的次官。

理，自己身為人民卻不知道遵守國法，私自採取行動殺死了上野介，這真的可以說是錯誤的理解了人民職責，侵害了政府的權利，私下裡制裁了他人的罪行。幸好當時的德川政府將這些暴徒都處以刑罰，最終平息了結了這一事件。倘若沒有進行懲罰，那麼吉良一族的人也必定會對赤穗的家臣們展開瘋狂的復仇並將他們殺死，然後這些家臣們的族人再向吉良的族人展開報復，冤冤相報，無休無止，直到雙方的族人與親友全都死盡殺絕才罷休，這就是無政、無法的社會的狀況。私下制裁對國家的危害如此之大，我們怎麼能不謹慎對待呢？

以前，在日本的古時候，如果農民和商人冒犯了擁有武士身分的人，法律規定「格殺勿論」，這是政府公然許可私人制裁的法令，難道不也同樣是荒謬之極的嗎？任何一個國家，只要頒布了法令，那麼就應該由這個唯一政府負責執行，法制越是氾濫，那麼政府的權力也就會變得越來越弱。比如封建時代有三百諸侯，他們全都掌握著生殺大權，因而導致政府的力量也相應的受到了削弱。

在私人制裁之中，後果最為嚴重、對政治危害最大的便是暗殺。總覽古今中外各種暗殺事件，有些是由於私怨，有些則是為了獲得金錢。妄圖採取暗殺行為的人，原本就下定了犯罪的決心，自己想要做一個有罪之人。此外還有另一種類型的暗殺，並非是為了個人的目的，而是由於憎惡所謂的

政敵（Politicalenemy）而對其進行謀害。這些人由於各自抱著不同的政見，便帶著個人的意見，對他人的罪行進行裁決，同時對政府的許可權造成了損害，他們隨便殺人，不僅不感到恥辱，反倒洋洋得意，自以為是替天行道。還有人對這種行為表示讚揚，將他們稱為國士。但是所謂的替天行道到底是怎麼回事呢？難道是代替上天行使正道、處罰惡人的意思嗎？倘若真的是這個意思，那麼首先請想一想自己的身分。原本都居住在一個國家之內，不管與政府約定了什麼承諾，就必須遵守約定、維護國法的尊嚴並接受政府的保護。如果發現國家處理政事過程中有什麼令人感到不公平的事情，或是覺得有人對國家造成了危害，那麼就應該心平氣和向政府申訴。如果把政府放在一邊，而自己動手來做替天行道的事，這難道不是逾越本分嗎？歸結其原因，這種人儘管性格直爽，但是卻不明白事理，只知道憂心國之當然，而不知憂心國之所以然。試看天下古往今來所有的事實，從來沒有人能夠靠著暗殺來成就大事或是讓人間變得更美好、更幸福。

　　不知道尊重和敬畏國法的人只對官員有畏懼之心，在官員面前，他們會盡力設法為自己表面上的罪名開脫，但實際上卻已經犯了罪，卻絲毫不感到恥辱。不僅不感到恥辱，還會因為狡猾的破壞了法律和逃避了懲罰而引以為能事，希望因此而獲得好評。在當今社會平日裡的談話中，經常有人這

樣說，雖然這是國家的根本法律，但這只不過是政府的形式和表象，要想辦好某一件事，只要在私下裡計議得當，使其對表面的法律不會造成妨礙，就會變成一種公開的祕密。這樣的人在那裡談笑風生，心裡絲毫沒有愧疚的感覺，甚至於還跟小官員們祕密的謀劃，相互勾結，表面上卻裝出一副無罪的樣子。當然，國家的法律確實有些煩瑣了，倘若不是這樣的話，上面所說的陰謀也許就不會發生了，可是從一個國家的政治發展來看，卻是一種最令人感到畏懼的弊病。因為長此以往，便會讓人們養成一種蔑視國法的習慣，進而助長普通百姓不誠實的習氣，對於應該遵守的法律卻不去遵守，最終釀成了嚴重的罪行。比如現在政府頒布法律禁止了當街小便的行為，但是人民卻感受不到這個禁令的可貴之處，卻只是害怕遇到巡邏的警察，所以到了日暮人稀之時，等著巡警不再巡邏，就開始違背法令隨地小便，結果沒有想到還是被發現並因此受到了處罰。雖然他們當著巡警的面認了罪，可是內心並沒有感覺到自己是因為觸犯了嚴肅的國法才會受到處罰，而只是覺得自己倒楣才會遇到令其畏懼的巡警。這樣的情況怎能不讓人哀嘆呢？所以，政府在立法時應該力求簡便易行，在法律制定出來之後，就必須要嚴格去執行。倘若人民發現政府制定的法律中存在不妥之處，便應該無所顧慮的提出自己的意見和建議。如果已經承認了這些法律，就應該嚴格遵守並執行，而不應私下裡議論是非。

　　上個月，在我們慶應義塾發生了這樣一件事情：有一位名叫太田資美[26]的貴族，從前年開始捐款雇用了一個美國人在義塾擔任教師。由於本次該人任期已滿，於是打算雇用另外一個美國人，已經與其本人談妥了條件，於是便讓太田寫好文書向東京府提出了讓這個美國人擔任義塾文學教師的申請。可是按照教育部的條例規定，用私人錢款來雇用私立學校的教師，雖然屬於私人教育，但是當教師的這個人也一定要持有在日本國修完該學科所有課程的畢業證書，否則就不能雇用。但是此次打算雇用的這個美國人卻沒有這樣的證書，於是教育部便向太田發出通知：如果讓這個人當語學教師倒是沒什麼關係，如果按照申請的內容派他擔任文學教師卻難以批准。然後福澤諭吉便向東京府再次提交了書面說明資料，指出這位老師雖然沒有日本的畢業證書，但從學力上評價，其人完全有能力教授本校的學生，所以請求批准太田的申請，准許任用這位老師；並且聲明，就算申請雇用那位美國人擔任語學教師可以獲得批准，可是我校的學生原本是想學習文學的，學校方面也不想詐稱語學來欺騙政府。

　　最終的結果，因為教育部不可能因此變更規定，所以諭吉的說明資料後來也被駁回了。所以已經談妥了的那位教師就無法再雇用了，而那人也已經在去年的十二月下旬離開日

---

26 太田資美（Ōta Sukeyoshi，西元 1854－1913 年），本來是遠州掛川藩主。明治四年進入慶應義塾學習，後來成為義塾的贊助人。

本返回了美國，太田先生的心願化為了泡影，幾百名學生對此也感到非常失望。確實，這不僅僅是一所私立學校的不幸，而且也嚴重妨害了對日本文學進行研究，真的是不明智到了極點。但是因為此舉讓國家法制的尊嚴獲得了保全，所以也就無須再說什麼了。最近，我們想要再提出一次申請，並且曾經和太田等人在社裡商量過這件事，我們覺得教育部頒布的私立學校教師的章程固然屬於國家的根本法律，但是如果把文學兩個字改成語學，申請就可以獲得批准的話，那麼對學生來說就是一件很大的幸事，似乎可以這樣做。但是經過多次商議之後，最終我們覺得這一次不能對那位教師進行雇用，儘管可能會對學生們的學業造成影響，但是用這樣的手段來欺騙政府是君子所不恥的行為，因此謹守法律，不做違背人民本分的事情才是上策，此事至此正式宣告結束。原本這只是一個私立學校的無關緊要的問題，但由於它與上述議論的核心思想有關，所以將此事附記於篇末。

第七篇　論國民的職責

在第六篇中，我對尊重國法這個話題展開了議論，我的主張是：每一位國民都應該努力承擔起兩個人的職責，在此我想繼續詳細的闡述一下國民所應承擔的任務和職責，以便對第六篇的不足之處進行補充。

作為一國的國民，都應該一身兼具兩方面的職責：一方面是在政府的領導下做好一個公民，這是從「作客」的角度來說的；另一方面則是讓所有的國民共商國是，組建一個名為「國家」的「公司」，制定法律，並嚴格執行，這是從「作主」的角度來說的。比如說，某個市鎮上有一百個居民，他們共同組成了一家公司。大家商量好了公司的章程，然後嚴格執行，從這個角度來看，這一百人都可以說是公司的主人。但是從公司裡所有人都不能違背大家共同制定的章程來看，這一百人就又都成了公司的客人了。所以國家就如同一個公司，人民就如同公司裡的成員，對每個成員來說，他們都肩負著主、客兩種不同的職責。

首先，從作客的角度來說，凡是一國的公民，都要遵守國家法律並維護其尊嚴，不能忘了人和人之間是平等的這一原則。我既不想讓別人對我的權利造成損害，我也不會去損害別人的權利；我感到快樂的東西，別人也覺得快樂，所以

不能透過剝奪別人的快樂來增加我的快樂；更不能偷竊別人的錢財來讓自己富裕；既不能殺人，也不能讒言陷害他人；而是應該嚴格遵守國家法律，從內心認可人與人之間一律平等這一大義。法律是基於國家政體而制定的，就算覺得還有不完備的地方，也不應該隨意進行破壞。戰爭或與外國締結盟約的權力掌握在政府手中，雖然這種權力是由人民按照約法授予政府的，但是如果不是擔任政府職務的人則不應該參與其中。如果人民忘記了這一點，一看到政府推行的措施與自己的心意不合，就大加誹謗，或是不遵守法律，興師動眾，甚至率先發難，拔刃相向，那麼國政就連一天都無法維持下去了。這就如同前面所說的那個一百人組成的公司，經過協商之後推選出了十個人擔任經理，但剩下的那九十人卻不贊成十位經理的決議，各自有各自的主意，十位經理想賣酒，那九十人非得賣餅，大家爭吵擾攘，意見不一。有人甚至獨斷專行，未經同意就私下賣起餅來，或是違反了公司的章程，蠻不講理的與別人進行辯論，以至於公司的生意連一天都不能做下去，看起來非要解散不可，但由此給公司帶來的損失，則需要由這一百人來共同分擔，這難道不是最愚蠢的事情嗎？由此我們可以知道，就算在國法中存在著不完備的地方，也不能以此當作藉口而對法制進行破壞，倘若真的發現法律存在著不公正、不利的條款，也應該平心靜氣的向類似於一國之經理的政府提出建議，推動改革，如果政府不

願意採納，也只能盡量忍耐一時，等待合適的時機再進行改變。

　　其次，從當家作主的角度而言，全國這麼多人，不可能讓所有人都來執政，因此才訂下了約法，也就是成立人民的政府，將國政委託給他們，由他們代表人民來處理所有的事務。由此可見，民為一國之本，人民就是國家的主人，政府只能算是國家的代表或經理。這就如同從公司的一百名成員之中選出十個人擔任經理，也就等同於政府了。剩下的九十個人就是這個「國家」的人民，那九十個人儘管不在公司做事，但也將自己應該辦的事務委託給了自己的代理人，那他們的身分也相當於是公司的主人了。至於挑選出來的十位經理，在處理公司事務的時候，都是按照章程和契約，接受公司的委託，根據一百人的意志來做事，而且他們所做的事情都不是個人的私事，乃是公司的公務。所以人們才會將政府的事務稱為公務。聞其名而知其義，追本溯源的話，只要是政事，就絕對不是官員個人的私事，而是代表人民處理的屬於全國的公共性事務。從中我們也可以看出，所謂的政府，便是受了國民的委託，遵守約法，讓全國人民，不分高低貴賤，都可以行使自己的權利，並且務必要做到法令嚴明、獎罰分明以及大公無私。如果有一群盜賊闖入民宅，但政府發現之後卻不去制止，便可以認為政府是這些盜匪的同黨。如果政府無法貫徹執行國法的宗旨，以至於讓人民受到了傷

害，那麼無論損失了多少，事情發生的早晚，都應當進行賠償。例如官員因為自己的疏忽和錯漏，讓國人或是外僑蒙受了損失，因此向其賠償了三萬元。但政府自身是沒有錢的，賠款的來源是人民，那麼按照日本有三千萬人口來計算，每個人就要承擔十文錢，假如官吏犯了十次這樣的錯誤，每個人便要拿出一百文錢。如果一戶人家有五口人，這戶人家就要拿出五百文錢。在鄉下，一戶農民之家如果有五百文錢，便能夠全家圍坐在一起，擺上一桌豐盛的酒宴，然後快樂的享用。因為官員的疏忽，導致日本全國的無辜百姓失去了這樣的快樂，那是多麼的不幸事情！從人民的角度來說，似乎是無緣無故傻傻的出了一筆錢，怎奈全國人民都是這個國家的主人，既然已經把國事都委託給了政府，那麼所有的損失就只能由主人來承擔，不應該因為金錢上的損失而對政府的官員進行苛刻的責難。因此人民應當時常留意，假如發現政府的舉措中有什麼不妥當的地方，就應該毫不客氣的對政府提出深切而且正確的忠告。

既然人民是一個國家的主人，那麼分擔保衛國家所需的一切費用也就成了他們應盡的義務，在繳納這些費用的時候，絕不應該露出哪怕一絲不滿的神色。我們要明白一件事，為了保衛國家，不但要發薪俸給官員，而且還必須要支付海軍、陸軍的軍費以及法院、地方官的經費。計算一下總數，數目好像很大。但是每個人需要分攤多少呢？從日本每

年的財政收入和全國人口來平均計算，每個人只需要出一、二日圓。一整年的時間，一個人只需要出一、二日圓，卻可以得到政府的保護，晚上無須害怕盜賊，單身旅行時不用擔心有人搶劫，能夠安然度日，這難道不是一件非常划算的事情嗎？儘管世間有很多划算的買賣，但是再也沒有比向政府納稅而受到政府保護的事情更便宜的。環顧周圍的人，有的將錢花在了美輪美奐的建築上面，也有的將錢財用在了著錦衣、吃美食上面，甚至還有人整天花天酒地最終導致坐吃山空，以上種種花費是無法與納稅相提並論的。整體來說，不應該付的錢，就算一分也應該愛惜，但是符合道理卻又划算的錢，該付出的時候就應該毫不猶豫的拿出來才對。

正如前面所說的，倘若人民與政府各自盡了自己的本分，齊心協力，那麼就沒什麼值得說的了。但是如果政府方面越過了自己本分，以暴政治國，那麼站在人民的角度，就有可能透過以下三種方式來應對：（一）屈服於政府；（二）與政府對抗；（三）據理力爭，哪怕犧牲也在所不惜。

首先，不應該屈服於政府。人的本分是遵守正道。倘若屈服於政府由人為製造的惡法，那麼就會違背了自己做人的本分。而且一旦屈服於惡法，就會為後代子孫留下罪惡的先例，使天下都流行不良的風氣。在古代的日本，愚民之上往往有一個苛暴的政府，政府橫行霸道，人民感到恐懼，看見政府的舉措，雖然明知道是不合理的，但是害怕如果明辨是

非的話就會冒犯官員，從而招致後患，因此該說的話也不會再說了。所謂的後患便是我們俗話說的挾私報復，因此人民對這種挾私報復的後患非常擔心和害怕，因此無論政府怎樣無理，也只是一味的俯首貼耳。這種心態世代沿襲，以至於形成了今天這種卑躬屈膝的狀態。這便是人民屈服於政府給後世留下禍患的鮮明一例。

其次，與政府對抗，這可不是一個人能夠辦到的事情，必須要聚集同黨，爆發一場內亂。這實在不算什麼上策。因為一旦起兵與政府作對，就只能先將事理的是非曲直先拋到一邊，而先進行實力強弱大小的比較。但是透過觀察從古至今的內亂歷史，人民的力量與政府相比通常是較弱的一方。而且一旦發生內亂，這個國家原有的政治機構肯定會顛覆。但是不管那個舊政府有多麼壞，總是會有一些善政良法的，不然的話就不可能持續那麼長的時間。所以一旦人民輕舉妄動將它推翻，也仍然難逃以暴易暴、以愚代愚的舊路。如果我們再對內亂的根源進行探究，就會發現都是由於與人情不合而引起的，但是世界上所有與人情不合的事情，再沒有什麼能夠超越內亂的。內亂一旦產生，就算是親父子、親兄弟都會骨肉、手足相殘，更不要說朋友這樣關係的人了。那真可以說是殺人放火、惡貫滿盈。在如此恐怖的情形下，人心會變得更加殘忍，人的行為幾乎等同於禽獸。發展到如此地步卻還想要推行比舊政府更好的良法善政，想要引導天下的

人情重新歸於善良，這難道不是痴人說夢嗎？

　　最後一種方式，據理力爭，哪怕犧牲也在所不惜。意思是說應當堅信公理，不要因此而產生疑慮，不管身處於什麼樣的暴政之下，遭受了怎樣嚴酷的刑罰，都要在痛苦中忍受、堅持下去，絕對不會使用武器和暴力來對抗政府，而只是採用公理來勸服政府。

　　在上述三種方式中，只有第三種方式才能算得是上策中的上策。因為用公理來勸服政府的話，不會對這個國家當時已有的善政良法造成絲毫的損害，就算是正確的意見沒有被採納，只要公理已經被闡述明白，那麼天下人自然就會心悅誠服。所以，如果今年自己的意見沒有被採納，還可以期待明年被採納。除此之外，如果用暴力來與政府對抗的話，就會產生得不償失的禍患，如果用公理來勸服政府，就能夠只針對有害的部分發揮作用，而不會出現其他的弊端。提建議的目的是為了阻止政府發布不合適的舉措，只要政府在處理公務時能夠遵循正道，那麼議論自然就能夠停止。如果非要用暴力來與政府對抗，那就必定會引起政府的震怒，勢必會令其不顧後果，更加肆意的大逞淫威，甘冒天下之大不韙。如果能夠心平氣和的向政府提意見，那麼就算政府的官員再暴虐，他也和我們是同一個國家的人，看到我們由於堅持正道而據理力爭，他們必然也會產生同情憐憫之心，進而下決心改正。

《勸學篇》

　　凡是由於憂心世事而讓自己身心遭受苦難，甚至是犧牲了自己的生命的行為，西洋稱其為「殉道」(Martyrdom)，儘管會令一人失去生命，但其作用和影響卻遠遠超過了殺死千萬人、花費千萬金的內戰。從古至今，日本有很多人戰死，也有很多人切腹自殺，他們都被稱作忠臣和義士，贏得了高度評價。但是如果探尋他們捨身成仁的原因，都不外乎兩家主人爭奪權力以及由此引發的戰爭，要麼是為了替自己的主人報仇而慷慨赴死，表面上看起來一副冠冕堂皇的樣子，實際上對社會並沒有什麼好處。這些人信奉各為其主的原則，等到覺得自己有愧於主人的時候，就會用自己的一死來報答主人。在不文明的時代，這是經常發生的事情；現在，我們用當代的文明的眼光來審視，可以說他們死得不得其所。這是因為，所謂的文明原本是指人類在智力和德行方面的進步，每個人都能夠成為自己的主人，能夠支配自己，讓世間之人在交流的時候不會發生互相為害的事情，從而各自行使各自的權利，實現社會上全面的安全與繁榮。那麼不管是興師也好，還是復仇也罷，只要能夠與上面所說的文明的精神相符合，例如興師可以戰勝敵人，復仇可以恢復主人的榮譽，而且他們的目的都是為了推動社會文明的發展，使工商業得到發展，進而實現全面的安全與繁榮，那麼這也可以當成一個充分的理由。可是，他們在興師和復仇的時候並沒有抱著這樣的目的，更何況那些忠臣義士也沒有這樣長遠

的眼光，他們仍然只是迷信因果報應，希望以此來報答主人而已。直到今天，這種為了主人而捐軀就義的所謂的忠臣義士仍然還有很多。比如有一個名為權助的家僕，奉他主人之命外出，不小心弄丟了一兩黃金，他在途中尋找徘徊了許久，覺得無顏面對主人，便決意在路旁的樹枝上用腰帶上吊自殺。世上還有不少類似的例子。推究這位義僕赴死時的內心狀態，考察他實際的行為，未嘗不覺得他值得憐憫，真應了那兩句古詩——「出師未捷身先死，長使英雄淚滿襟」。權助奉主人之命辦事，在弄丟了一兩金子之後，便用一死來全君臣之義，自覺無愧於從古至今那些忠臣義士，他的忠誠的確可以與日月爭輝，他的美名可以與天地共存。但沒想到世人如此薄情寡恩，非但不重視他，既沒有替他樹碑立傳，也沒有為他建祠祭祀，反而覺得權助僅僅為了一兩金子就自殺，實在是將自己的生命看得比鴻毛還輕。可是一件事的輕重，又怎麼能夠用金子和人數的多少來衡量呢？正確的做法應該是根據它是否對社會文明有利來決定的。所以那些忠臣義士是在殺死了一萬名敵人之後才戰死的也好，是弄丟了一兩金子之後上吊自殺的也好，他們不但對今世的文明沒有任何益處，而且也無法分清孰輕孰重。因此我說義士與權助他們的死不得其所，這樣的行為也算不上真正意義上的「殉道」。據我所知，主張讓人民擁有權利，提倡公理，向政府進諫，最終捨身成仁而無愧於當世和後世的，從自至今，便

只有佐倉宗五郎[27]一個人而已。但是與宗五郎相關的資料卻只有民間流傳的俗本一類，其事蹟並沒有被詳細的記錄於正史。如果我可以得到相關資料，日後一定會將它寫出來，以彰顯其功德，同時也可以供人們借鑑、學習。

---

27 佐倉宗五郎：十七世紀中期日本民間一位農民領袖，傳說他在擔任千葉某個地方的村長時，由於當地的領主橫徵暴斂，便獨自一人向將軍告狀，結果被處以極刑，但是賦稅最終卻得到了減輕。

第八篇　勿以自己的意志強制他人

　　美國人韋蘭[28]著有《道德學》一書，其中有一段對人的身心自由進行了論述。這段話的大概意思是說：每個人都是與其他人區別開來的獨立的個體，無論是誰，都要掌控自己的身體，用自己的頭腦去思考思維，自己來支配自己去做自己想做的事情。由於這個緣故，首先，人們既然各自擁有屬於自己的身體，便應該好好利用這具身體，與外界相接觸，獲得物資，來滿足自己的需求，比如播種插秧，製作棉衣。其次，人們既然各自擁有不同的智慧，便應該憑藉自己的智慧來闡述事物的道理，以避免讓自己在實現目標的途中迷失路徑。比如說種稻，需要思考讓土壤變得肥沃的方法；如果要織布，就應該先把織機研究明白，這些工作都需要發揮出自己的智慧。再次，每個人都有自己的欲求，應該用這種欲求來激發身、心動起來，以此來達到欲望滿足的目的，進而實現個人的幸福。譬如說，沒有人不喜歡錦衣玉食的，但是這些東西並不是天地之間自然生成的，要想得到這些東西，如果人們不經過自己的勞動和付出，就不可能獲得，因此人們之所以會勞動，大多數情況下都是受到了欲求的驅使而產

---

28 韋蘭（Francis Wayland，西元 1796－1865 年），美國教育家、經濟學家，曾任美國布朗大學校長。

生的，如果沒有想要滿足這種欲求的想法，就不可能促使自己去勞動，如果不勞動，便不可能獲得快樂的幸福。譬如寺院裡的僧人們從來不參加勞動，他們便就沒有什麼可以向人言說的幸福。接下來是第四點，每個人都有一顆虔誠的心，那麼便應該用虔誠的意志來抑制自己的情感和欲望，端正前進的方向，以此來決定自己的行止。假如任由情欲漫無目的的遊走，那就很難對錦衣玉食做出明確而充分的限制。假如現在拋棄了應該做的事情，只為滿足個人的私欲，那麼就只能透過害人才能利己，這無論如何都不能說是人類所應該做出的行為。處於這種情況下，能夠讓人們分清情欲與道理，最終擺脫情欲的控制，走向符合道理這一方面的東西，就只有虔誠的本心。最後一點也就是第五點，每個人都有自己的思想，應該在這種思想的基礎上建立自己做事的志向。比方說，世界上所有的事情都並非在偶然條件下才做成的，不管好事還是壞事，都是因為人們從內心想要做這件事，才可以做成。

上面所說的五點，是人們不可或缺的重要因素，如果可以隨心所欲的運用上面這些因素所賦予的力量，便能夠讓個人達到獨立。但所謂的獨立，絕對不是像那些行為乖張、個性孤僻之士一樣去離群索居，與其他人斷絕聯絡。這是因為人生在世絕對不能沒有朋友，朋友想要跟我交流，跟我希望與朋友交流的想法是一樣的，世上的交流都是相互之間的事

情。最重要的是能夠合理使用上面所說的五種力量，根據自然確立的法則，不要逾越應有的限度。這個限度怎樣來界定呢？就是在我使用這種力量的同時，他人也在用使用這種力量，但雙方卻不會對對方造成妨礙。只有如此，才不至於在違背自己做人原則的基礎上待人接物，更不會因此而怨天尤人，只有這樣，才能算得上擁有了人生的權利。

由此也可以看出，正確的做人之道，就是不能對他人的權利造成妨礙，在此基礎上能夠隨心所欲的讓自己的身體得以運用。至於做自己喜歡的事情，克制自己的欲望，有時從事勞動，有時嬉戲玩耍，或從事這樣的工作，或從事那樣的工作，要麼日夜勤奮用功，要麼懶散庸碌無為，整天蜷縮在被窩裡睡大覺，也不與其他人發生關係，那麼自然也就沒有在旁議論是非曲直的資格。

反過來說，假如此時有人發表了這樣的議論，「人們不應該分什麼是非曲直，而應該按照別人的想法行事，不應該提出自己的想法」，那麼便應該問問，這樣的觀點到底合不合理？如果理所當然就應該如此，那麼是否能夠普遍應用所有有人類生存的地方？現在就特地舉個例子來說明：天皇的地位要比將軍更尊貴，因此天皇可以隨意把自己的意志強加在將軍的身上，將軍欲行則讓他止，欲止則讓他行，行動坐臥飲食起居，將軍都要遵照天皇個人的意志來安排。然後將軍又會對手下的諸侯進行限制，將自己的意志肆意加於諸侯

之身。諸侯再用自己的意志來要求大夫，大夫再用自己的意志來要求屬吏，屬吏要求侍從，侍從要求步卒，步卒要求農民，等到了農民這裡，由於下面再沒有可供其要求的人，那麼就很難辦了。如果這種觀點本來可以在人類世界同行，並且屬於理所當然，那麼按照百萬遍的道理[29]，經過上百萬次的循環，必定可以返璞歸真。「天皇也是人，農民也是人，無須顧忌」，既然獲得了許可，農民將自己的意志肆意加於天皇的身上，天皇想要巡幸時便讓他停止，想要居住於行宮時則讓他還朝，飲食起居，都讓他按著農民的心意來做，不再讓他享用錦衣玉食，整天只能吃麥飯葵羹，那又會怎麼樣呢？這難道不能說明日本人民並沒有控制他們自己身體的義務，卻擁有限制別人的權利嗎？換言之，這也幾乎相當於是說人們的身心根本就不在一個地方，他們的身體正如別人的魂魄所停駐的旅舍。就如同酒徒的魂魄移換到了一個酒量小的人身上，孩童的身體裡住著一個老翁的魂魄，盜賊的魂魄借用了孔聖人的軀體，獵戶的魂魄寄宿在了釋迦牟尼的身上，於是酒量小的肆意痛飲美酒，酒徒喝了糖水大呼過癮，年老的人爬到樹上玩樂和遊戲，小孩子拄著拐杖與人應酬，孔聖人帶著弟子去當盜賊，如來佛祖拿著槍炮殘殺生靈，這些事情都是離奇荒誕，令人感到不可思議的。假如將這些當

---

29 百萬遍的道理，指佛教徒用手一邊數念珠，一邊念佛，要求必須唸夠百萬遍，此處說的是同一類事物的不斷循環。

成是天理人情，認為是開化的文明，那麼即使是三歲的小孩子也不難得出一個否定的結論。再者，從數千數百年之前的古代開始算起，中、日兩國的學者們，都極力的提倡高低貴賤的名分之說，歸根結柢，無非是想將別人的魂魄移到個人的身上，諄諄教導、垂涕含淚，直到末世之今日，其影響力已經逐漸變得十分明顯，形成了一種以大制小、以強凌弱的風氣，所以學者先生們臉上便帶著得意的神情，神話時代的諸神、周朝的聖賢在另一個世界也會覺得滿足。現在我就針對其影響涵蓋範圍之內，試舉一、兩個例子進行說明：

關於政府憑藉強力來壓迫人民的情況，已經在前一篇進行了討論，這裡暫且略過不談，首先只針對男女關係來說一說。要知道，在這個人世間生存的，男人也是人，女人也是人；從世界所不可或缺的作用而言，天下既不能一日沒有男人，也不能一日沒有女人，它的功用的確是相同的。但也有不一樣的地方，那就是男子更為強勢一些，女子更為弱勢一些，倘若身體健壯的男人與女人相互爭鬥，那當然是男人會獲得勝利。這便是男人與女人不一樣的地方。但是現在我們在社會上能夠發現，假如有人靠著著強力來搶奪別人的財物，或是對別人進行侮辱，那麼就會將其稱為罪人，對其施加刑罰。但是在家庭內部，卻存在著公然讓人蒙受恥辱，卻沒有人對這種行為進行指責的事實，又該怎麼解釋呢？在

《勸學篇》

《女大學》[30] 中，這樣寫道：「女子有三從之道，幼年時從父母，出嫁後從夫，老後從子。」[31] 在幼年時順從父母的意志，儘管無可厚非，但是嫁人之後應當怎樣順從丈夫，卻不能不問清楚。根據《女大學》書中所說，就算丈夫好色酗酒，辱罵妻子兒女，終日放蕩淫亂，但是做妻子的仍然要順從、敬愛這個淫蕩的男子，敬他要像敬天一樣，待他要和顏悅色，就算內心有不同的想法，也不能記著以前的怨恨不放。按照這一教條的意思，那就是說不管是淫夫也好，姦夫也罷，既然已經與這樣的人結成了夫婦，那縱然蒙受什麼樣的恥辱，也必須要完全依從於他。女子內心不能真正記恨，只能婉言勸諫，至於丈夫是否能夠聽從，那就完全看他的心意了，這也就是說，女子出嫁之後必須要把丈夫的心意視為天意，除了遵從天意之外，再沒有其他什麼辦法。佛經中說女人生來就帶著深重的罪孽，其實從這些情況看來，女人從一出生，確實就跟犯了重罪的犯人沒有區別。另外，社會對於女人的要求也極為苛刻。《女大學》中規定了婦女的「七出」條款，其中明確寫著「如犯淫亂，即令大歸」這樣的制裁措施，給了男子非常大的便利條件，這難道不又是一個帶有極強片面性的教條嗎？由此可以看出，只是因為男強女弱，也就是

---

30 《女大學》，日本古代的一部女子教育書籍，據說是日本程朱理學研究學者貝原益軒（西元 1630－1714 年）所著。

31 這幾句話出自貝原益軒所著的另一本《和俗童子訓》，而不是《女大學》書中所載。

根據腕力的大小，便建立起了男女之間高低貴賤的名分的教條。

　　上面是針對姦夫淫婦這個方面來分析的。接下來再談談納妾這個問題。原本這個世界上的男女人口數量以及出生率是相差無幾的，按照西方人的統計資料顯示，男人的出生率要比女人稍高一些，這個比例大約是男人二十二個，女人二十個。因此一個男人娶兩、三個女人，分明已經違背了天理，我們不妨直接將他們稱為畜生。原本同一父母所生的人叫作兄弟，與父母、兄弟一起居住的地方叫作家庭。現在兄弟之間同父而異母，一個父親，多個母親，這怎麼可以說是人類的家庭呢？就算是根據家這個字的含義來解釋，也是不能成立的。就算其家有著巍峨的樓閣，壯麗的宮室，但在我看來，卻只能將其認為是畜類的棚屋，而不是人類的家。從古至今，從來都沒有聽說過妻妾共同生活在一個家庭卻能夠平安和睦的。做妾的也是別人的女兒，為了一時的情欲而將她們當成牲畜來役使，擾亂全家的風氣，對子孫的教育也不利，甚至會為禍天下，遺毒後世，怎能不將納妾之人視為罪人？或許有人會說：「如果在納妾之後妥善處置，對人情也沒有什麼妨害。」這種說法可以說是夫子自道了。假如真的像他說的那樣，那麼，女人也去蓄養很多個丈夫，起名為男妾，給予他們二等親屬之地位，又會怎麼樣呢？假如納妾之後還能善治其家，對社會大義沒有任何損害，那麼我自然將

閉口不言，天下所有的男人，可以自己來考慮這件事。

　　還有人說：「納妾是為了傳續後代，中國的孟子不就說過『不孝有三，無後為大』這樣的話嗎？」對此，我的回答是：如果有人提倡與天道相違的理念，一意孤行、倒行逆施，那麼就算他是孟子、孔子這樣的聖人，也無須顧慮什麼，仍然應當將他們視為罪人。娶了妻子之後沒有生兒子，怎麼就會被當成大不孝呢？這真是信口雌黃、大言不慚，只要稍微懂得人情道理，誰又會把孟子話當成金科玉律？所謂的不孝，是指身為兒子的做出了違背公義法理的事情，讓父母的身心覺得不快。從老人的內心來說，當然希望能夠早日抱孫子，但是不能由於孫子生得晚了，就說是兒子是不孝的。請問天下這些做父母的，有幾個在兒子喜結良緣、得配佳妻之後，由於嫌棄他們沒有生下孫子，就責罵兒媳，用鞭子抽打兒子，甚至還要將他們趕出家門的呢？這個世界雖然很大，但也從來沒有聽說過這樣奇怪的人存在。這些完全是謬論，無須進行辯解，各人捫心自問，便可獲得答案。

　　孝敬父母，原本是做人的最基本的道理，倘若遇到老年人，就算是一個完全陌生的人，也要殷勤的向其表示敬意，更何況是對自己的父母呢？又怎能不盡心盡力的孝順他們？從動機上來分析，人們盡孝既不是為了利，也不是為了名，只是由於他們是自己的父母，便應該用最自然的誠心，來展現自己的孝行。自古至今，無論是在中國還是在日本，有很

多勸人孝敬父母的故事，其中最著名的當屬「二十四孝」，這一類書籍多得不可勝數。但其中十有八九都是告訴人們去做世上最難做到的事情，有的說得很是愚昧可笑，甚至將違背常理的事情稱為孝行。例如在嚴寒的冬天，光著身子臥在冰面上，待冰融解──這是一般人根本無法做到的；又比如在夏天的夜晚，將酒噴在自己的身體表面，來讓蚊子吸自己的血，以免讓蚊子再去吸父母體內的血。如果把沽酒所花的用來買蚊帳的話，豈不是更加明智？再比如，不去做能夠奉養父母的工作，等到無計可施的時候，反倒要將沒有任何罪過的嬰兒活埋，像這種人簡直可以說是蛇蠍、魔鬼，這種做法對天理人情的傷害，簡直可以說到達了頂點。前面引述的「不孝有三」的議論中既覺得不生兒子是大不孝的行為，但此刻卻又將剛剛生下來的兒子挖個洞給活埋，到底怎麼做才能算是孝呢？這難道不是前後自相矛盾的讕言嗎？總之，以上這些勸孝的說辭，它的目的都是為了嚴令做兒子的人，讓他們端正父子之間的高低貴賤之分。這些勸人孝敬父母的人在許多的教育的條例中指出：兒女在妊娠過程中讓自己的母親受盡了痛苦，出生以後三年都無法離開父母的懷抱，這樣的恩情不知道多麼的重大。但是生兒養子，不光是人類如此，禽獸同樣也是如此，人的父母之所以與禽獸不同，是因為他們除了替自己的孩子穿衣和餵食之外，還會對兒女進行教育，讓他們懂得為人處世的道理。但是世上這些做父母

的，總是能夠生兒育女，卻並不明白應當如何教育子女，如果自身整天只是放蕩無賴行事，對子弟做出了不好的榜樣，最終導致傾家蕩產，陷入貧困，到了年老力衰的時候，家產蕩然無存，此前的放蕩無賴一下子變成愚頑不靈，反而開始要求其子孝敬父母，這又是什麼居心呢？像這種有著鐵皮一樣臉皮的人，真可以說是不知廉恥到了極點了。除此之外，有的父母企圖從兒子那裡獲得財富，有的做婆婆的討厭兒媳的性格，便靠著父母的身分來壓制兒子和兒媳的身心，就算父母一點道理也沒有，做兒子的也不能進行一絲一毫的分辯；兒媳更是像墜入餓鬼地獄一樣，日常的起居飲食一點自由都沒有，稍微違反了公婆的想法，就會被斥責為不孝。人們見到這樣的情景，儘管內心覺得沒有道理，但為了讓自己不會受到責難，就先袒護起那些做父母的人來，沒有任何原因的將錯誤和責任推到了兒子的身上。還有人隨波逐流，不分青紅皂白，告訴兒子用詭計來欺騙他們的父母，這又怎麼能被認為是正確的家庭成員相處之道？我曾經聽人說過這樣一句話——「姑鑑不遠，在媳之時」。意思是說做婆婆的倘若想要虐待自己的兒媳婦，便應當想一想以前自己做兒媳的時候。

　　以上，是透過夫婦和父子兩種關係作為例子，來闡述高低貴賤的名分帶來的弊病。這種弊病在社會上流傳的範圍很廣，幾乎潛藏於世間所有事物之中，在下一篇中，我還會具

體舉例進行說明。

第九篇
分述兩種學問的主旨 —— 贈中津舊友

　　仔細觀察人們的身心的活動，大體可以分成兩類：一類是個人自身的活動；另一類是社會上人與人之間進行交流的活動。

　　第一類，透過身心活動來滿足衣、食、住等方面的需求，讓自己能夠過上安定快樂的生活，這應該說是屬於個人自身的勞動。但世上的萬事萬物，對人們都是有好處的。比如種下了一粒種子，然後就可以收穫兩、三百粒果實；深山裡的樹木，無須人工培養，也可以自然生長；借助風的力量風車可以轉動；在河面和海面上可以展開運輸活動；從大山裡採煤，從河流和海洋取水，用煤來燃燒水，進而產生蒸汽，就可以推動龐然大物一樣的火車和輪船。自然界中的與之類似的神奇，數不勝數。人類只是對自然界中的資源進行了改造，讓它為己所用。所以人類生活所需要的吃、穿、住、用等資源，有99％都是自然界已經提供了的，剩下的1％只是人力，因此不能說所有都是人力造成的，這只不過是人們從路邊見到了一些現成的東西罷了。

　　所以人們自謀生活並非什麼困難的事情，完成這件事，更沒有什麼值得炫耀的。能夠獨立生活當然是人一生中的一

件大事，古人說「你必須汗流滿面，才能糊口」。[32] 但是我覺得就算做到了這一點，人的任務仍然沒有完成，古人的這種說法只是為了讓人不至於連禽獸都不如罷了。試看那些禽獸蟲魚，哪一個不會自己去覓食，牠們不但可以獲得一時的滿足，而且還能像螞蟻一樣，為了以後在地下挖洞建巢窩，儲存過冬的糧食。世界上也有很多人像螞蟻一樣只為了讓自己獲得滿足。舉個例子來說，男人在成年之後，就會去做工或經商，要麼就擔任政府官吏，慢慢的，就不會再麻煩父母和親朋好友，過上安定的生活，也不會對他人造成侵犯。假如無法租到住所，他就會自己去購置一套簡單的住宅，一邊裝修，一邊娶一位能夠勤儉持家的賢妻，然後兩人共同養育兒女。在教育方面，所需要的撫養費也不會太多，只要隨時能夠準備出醫藥費以備不時之需便足夠了。總而言之，小心周到的為長久打算，維持一個美滿的家庭，不僅可以讓自己為了獲得獨立的生活而感到滿足，人們也會稱讚他是一個獨立而且能幹的好手。可事實上這卻是一種很大的錯誤，我只能說這樣的人跟螞蟻差不多，他的一生經歷與螞蟻並沒有什麼不同。兩者都是為了衣食和房子操心勞碌，雖然無愧於古人的教導，但是作為萬物的靈長，人的根本目標和任務，又怎麼能只局限在個人的生活中呢？

　　倘若人們像上面所說的那樣，只是為了吃飯、穿衣、住

---

32 出自《聖經・創世記》3‧19。

房而活著，那麼人這一輩子就只有生和死，而且死時與生時的情形並沒有什麼區別。如此世世代代流傳下去，就算是過去了幾百代，一個村子的情況還是不會發生任何變化。不會有人開創社會公共事業，既沒有船，也沒有橋，只有一人一家的孤獨無依的生活，全部任其自然，從生到死，在自己所居住的土地上沒有留下任何痕跡。西方人認為：「如果世界上的人都只想滿足自己的欲望，安於小康的狀態，那麼，如今的世界與洪荒時代的世界又有什麼不同的呢？」這種觀點絕對是正確的。滿足當然也可以分成兩種，但千萬不能將兩者混淆。倘若得寸進尺，永遠都不感到滿足，那麼就會被稱為「野心」或「奢望」。但假如進行了充分的腦力勞動或體力勞動，卻無法實現自己想要達到的目的，那麼就變成了「愚蠢」。

第二類活動其實源自人的天性，因為人類喜歡群居，不願意獨處。如果只是父母與子女或夫妻兩個在一起生活，還是無法感到滿足，還會需要跟群眾進行互動。交際的範圍越廣，就越感覺幸福，這便是人類社會的緣起。一個人既然在這個世界上生活，成為社會交際活動中的一員，那麼就應該盡自己的義務。世界上很多方面的學問，比如工業、法律、政治等，都是為了社會的發展而創建的，如果人們相互之間沒有往來，那麼這些學問也就沒有必要出現了。政府之所以會制訂出法律，是為了防範壞人，保護善良的人，以此來維

持社會的安定；學者之所以要著書教人，是想對後輩的智慧
進行啟發，來推動社會的進步。古代的中國人曾經說過：「治
理天下如同替眾人分肉，一定要做到公平分配」；又說「除
掉院子裡的雜草，不如掃除天下」。這些都是希望改進、發
展人類社會的名言。凡人如果有所成就，都希望為社會做出
一些貢獻，這應該說是人之常情。也有人在無意之中會為社
會做了好事，讓後代子孫享受到很大的恩惠。正是由於人類
具有這樣的性格，才可以盡到社會的義務。假如古代沒有這
樣的人物，我們雖然生活在今天，就無法享受到現代文明帶
來的種種好處。父母留給我們的遺產，也不過是土地的財
產，一旦失去就成了泡影；而這個世界所有的文明遺產，都
是古人留下來給人類的遺產，其偉大之處，怎能是土地產出
的財產能夠比擬的呢？對於這樣的恩惠，如今我們還無法找
到可以稱謝的目標，這就與人類賴以生存的日光和空氣無須
用金錢來購買但又非常珍貴一樣，享受它們的人只可以將之
稱為前人的恩賜。

　　天地初分之時，人類的智慧尚未產生，當時人類的狀況
正如一個無知無識、剛剛出生的嬰兒，還沒有產生知識。例
如用麥子來製作麵粉，一開始只是用兩塊石頭把麥粒碾碎。
然後經過人們的改進，便將兩塊石頭磨製成扁圓的形狀，每
塊中間掏一個小孔，其中一塊石頭的孔裡面安上木製或金
屬製成的軸，將其放到下面，然後把另一塊放到它的上面，

　　再把安在下面石塊上的軸裝到上面的石頭孔裡，這樣把麥粒放到兩塊石頭中間，透過轉動上面那塊石頭，借助石頭自身的重量將麥粒碾碎，這就是石磨。這樣的石磨是靠人工來推動的，此後慢慢對磨的形狀進行改進，並開始借助水車、風車來產生推力，最後又使用蒸汽作為動力，這樣就越來越便利和先進。世上不管什麼樣的事物，都是像這樣不斷向前推進和發展的，昨天感覺方便的東西，今天就會覺得笨重，去年覺得還非常新穎的，今年就會覺得老舊。請看西方各個國家的發展情況，它們那各種不同樣式的電氣與蒸汽機器，沒有一樣不是以一種日新月異的態度不斷進行改進的。不僅有形的機器如此，另一方面，人類的智慧越是開化，交際的範圍也越廣，交際的範圍越廣，那麼人情也就更加複雜，所以就可以應用國際公法來制約戰爭。同時由於經濟學一天天昌盛起來，政治、商業上的風氣為之一變，教育制度，著作體裁，政府舉措，以及議會制度，全都越來越精，但永遠都沒有止境。看看西方的文明發展史，從西元 1600 至西元 1800 年這兩百年間，它們所獲得的長足發展，著實是令人讚嘆不已，幾乎令人難以相信這是一個國家的歷史。如果探究這種進步的源頭，也不外乎是前人的遺產和恩賜罷了。

　　日本這個國家的文明最開始源自中國、朝鮮，後來經過國人的刻苦鑽研與認真琢磨，終於達到了近代的情況。

西洋的學說早在寶曆[33]年間就流傳到了日本。(參閱《蘭學事始》[34]) 但直到近年因為與外國的交流開始增多,西洋學說才逐漸盛行起來 —— 教授洋學,翻譯洋書,風土人情有了很大的改變,進而廢除藩治、改組政府,以至於形成了今日之局面,為日本再一次打開了文明的開端,這也可以說是前人的遺產和恩賜了。

　　正如前面所說的,從古至今,在付出身心的勞苦之後能夠在社會上做成一番事業的有志之士原本就有很多。按照現在的眼光來看,這些人也不能說是只想著讓自己衣食無憂的一類人。我覺得這些人都是志向高遠而且擅長為人處世的。如今的學者從這些人那裡繼承了文明的遺產,如果能夠站在進步的尖端,那麼它的進展就是沒有止境的。這樣再過幾十年之後,等到文明程度更加發達,那麼後人也一定會像我們現在崇敬前人一樣來崇敬我們所遺留的恩澤。因此生在當今這個世界,一定要為後世子孫留下精彩的事蹟,我們肩上所擔負的責任很重,怎能因為念了幾本教科書之後便去經商、做工,或是擔任小吏,每年得到幾百日圓的報酬,對上可以侍奉尊長,對下可以撫養子女,保證全家的開銷,便感到心滿意足了呢?像這樣雖然不至於對他人造成損害,但也對別

---

33 寶曆 (西元 1751－1764 年),日本桃園天皇年號。

34 《蘭學事始》,蘭學家杉田玄白 (西元 1733－1817 年) 的一部著作,裡面詳細記載了西洋學說傳到日本的情形。

人沒有什麼好處。除此之外，建功立業還要等待何時的機遇，機遇沒有到來的時候，就算有能力也不能完全施展，這樣的例子，從古至今都有很多。比如我們分明知道自己的鄉人和近鄰中便有很多英才俊傑，誠然，如果用當今文明的眼光來審視這個人，或許能夠指出他的言行或是方向上的很多錯誤，但這是潮流使然，並非他自身的罪過。實際上他也並不是沒有足夠的能力，只不過是因為不幸生錯了時代，導致滿腹經事治國的學問和才能無由施展，最終一生潦倒無所成就，真是令人感到萬分遺憾。現在就不一樣了，正如前面所說的，西洋的學說日漸盛行，終於使我們推倒了舊政權，廢除了藩治，實行了新政。但我們不應該將這樣的變動只當作是戰爭的結果。要知道文明的功用絕對不會因為一場戰爭而終結。因此這樣的變動也不是由於戰爭引起的，而是文明推動並促成的人心的動盪。所以戰爭雖然已經在七年前便結束了，但人心的動盪仍然還是存在的。所有的事物一定要透過某種力量引導才可以推行下去。率先提倡學問之道，引導天下人心趨向高尚的境界，現在就是一個特別好的機會，因此遇到這種機會的人，也就是如今的學者，都應該為了讓社會福利變得更好而更加努力。

第十篇　贈中津舊友（續前）

　　上一篇曾經將學問的旨趣分成兩類進行討論。大概意思是說我們不能只把目標定為一人一家在衣食住行上的滿足。因為人們天生就要擔起比這更高的義務，那就是必須要投身於人類社會，並以其中一分子的身分，透過自己的努力來服務社會。

　　要想研究學問，就一定要立下遠大的志向。做飯是學問、燒洗澡水是學問，談論天下大事也是學問，但是，解決一家的生活很容易，但要經綸天下事務就很難。但凡世間之物，容易得到的都不值得寶貴，一件東西之所以珍貴，是因為來之不易。但根據我所了解到的，現在的學者似乎有趨易避難的通病。在以前的封建時代，就算學者在學問方面有所成就，但由於社會上的機會似乎非常有限，也沒有辦法施展自己的所學，於是不得不再求上進。這種做學問的風氣雖然不是很好，但這些學者勤奮讀書，努力讓自己變得學識淵博，這的確不是現在的人所能比的。如今的學者卻都不是這樣了，他們可以一邊學習一邊實踐和應用。比如做了三年的洋學生之後，雖然只是學到了一些關於歷史、物理方面的知識，但也可以稱為洋學教師，可以開辦學校，也可以受聘擔任教授，或是擔任政府的官員，受到任用。還有更輕鬆的辦

法，例如讀幾本社會上流行的翻譯過來的書籍，在社會上四處奔走，打聽到一些國內外的新聞，然後據此進行投機，而且一旦進入仕途，便可以擺起自己的官架子。倘若形成了這樣的風氣，那麼世間的學問便永遠都不可能達到高深的境界了。用這樣一種輕視的筆觸來描述學者雖然並不是特別合適，但如果替他們算一筆帳——入學讀一年書的花費不會超過一百日圓，讀書三年的投資不超過三百日圓，離開學校的第一個月就可以得到六、七十日圓的月薪，這便是洋學生所打的如意算盤。至於那些不學無術或者一知半解就做了官的人，甚至連那三百日圓的本錢都不用投入，就可以將每個月的薪水變成自己所獲得的純利潤。這個社會上還有什麼樣的生意能有如此高的利潤呢？就算與高利貸相比，也是不遑多讓。以前，物價的高低是按照社會需求的多少來決定的；如今，從政府機關開始，社會的各個方面都急著聘用洋學生，所以他們便非常受歡迎。當然，我並沒有膽量去責備那些投機取巧的洋學生，也不敢對愚蠢的使用者進行誹謗，只是覺得這些學生仍然需要在這種艱苦的條件下忍耐三到五年的時間，認真努力的去獲得真才實學，然後再去擔當重任，只有這樣才能有所成就。唯有如此，才能讓所有日本人民的智德得到成長，也才能跟西方各個文明國家一較高下。

　　如今的學者都是為了什麼樣的目的來做學問的呢？難道不是為了追求贏得獨立的大義與恢復自由自主的權利嗎？既

然說到了自由獨立這個問題，當然也需要考慮到這兩個詞語
中所包含的字面含義。所謂的獨立，不光是居住在一座房子
裡，衣食無須依賴別人那麼簡單，這只是一層內在的基本
的意思；還有更進一步的外在的含義，那就是要無愧於居住
在日本國的日本人這個稱號，與國人一起努力，讓國家贏得
獨立自主的地位，只有這樣才可以說是完全達到了內在和外
在的要求。因此只想著自己一家人的衣食住行，這樣的人只
能說是一個獨立家庭的家長，但卻不能將其稱作獨立的日
本人。

　　看看日本如今的發展形勢，的確是空有一個文明的外
表，卻沒有文明的實質；徒具一個文明的空殼，卻沒有文明
的精神核心。如今日本的海陸軍對能與西方人的軍隊作戰
嗎？絕對不可能。如今日本的學術能夠去教導西方人嗎？不
僅不可能，就連向他們學習恐怕都來不及。因此日本不但派
遣留學生到國外，還會在日本國內雇用外國的老師，政府的
各部、局、學校以至府縣、港口，全都有外國人在工作。甚
至一些私立公司與學校，在舉辦新事業的時候，大多數情況
下也必定會優先雇用外國人，不但向他們支付豐厚的報酬，
而且對他們也極為依賴。取人之長，補己之短，雖然人們嘴
上都這麼說，但是從眼下的情況來看，似乎我們有的只是短
處，而他們有的都是長處。自從我們日本國改變了幾百年來
閉關鎖國的狀態，猛的與文明社會的人進行接觸之後，這種

狀況似乎更有水火不容的態勢。為了調和這樣的關係，就要雇用他們的人，或是購買他們的物資，來供應緊急需求，慢慢調和這種水火相剋的矛盾。如果是因為迫不得已，才依賴他們暫時的供給，我們當然不能認為這是國家的失策。但是依賴外國貨物，其目的只是為了讓本國使用起來更加方便，那這終究不是什麼長久之計。如果只是將這種做法視為一時的權宜之計，並以此來安慰自己的話，那麼這種一時的權宜之計到底要等到什麼時候才算是結束呢？怎樣才能掌握無須依賴別人便能自給的方法呢？這樣的願望是要想實現是很難的，只有靜靜的等待日本現在這些學者們獲得成就，也就是說，除了讓這些學者想辦法供應本國所需的物資之外，就再也沒有什麼其他的方法了。這便是學者們所擔負的極為迫切的責任。如今日本所雇用的外國人，應該說都是日本那些尚未真正成熟起來的學者們的代理人；如今日本需要購買外國的貨物，那是因為日本的工業基礎薄弱，因此暫時需要用金錢來換取，以方便我們的使用。為了雇用外國人與購買外國貨物而花費金錢，是因為日本的學術還不如外國人，這就會讓日本國的財富流向外國，著實令人感到可惜，對學者而言也是一種恥辱。

　　一個人對於未來必須要充滿希望，如果對未來感到失望，那麼社會上也就沒有那麼努力工作的人了。憧憬明天可以得到的幸福，能夠為今天所遭遇的不幸帶來安慰；為了明

年的快樂，才忍受著今年的痛苦。以前世上所有的事都受到
了舊規範的制約，有志之士也沒有什麼期望達到的目的。現
在就完全不一樣了，由於取消了制約，恰好為學者開闢了一
個新世界，達到了可以擔負天下所有事業的地步。類似務
農、經商、治學、做官、寫書、辦報、普法、學習藝術、開
辦工業、建立議會等等，各式各樣的事業都可以進行。在此
類事業上獲得成就，並非是在日本國內和自己的同胞兄弟鬧
矛盾，而是與外國人展開智力上的競爭。在這種智力競爭方
面獲得勝利，能夠讓日本的地位得到提高，反過來則會降低
日本的地位，所以，我們有很大的希望獲得成功，而且這個
目標也非常明確。但是興辦的社會事業也分先後、緩急，而
國家不可或缺的事業就必須依靠每個人的貢獻和特長，從此
刻便開始進行研究。如果是一個通曉世務的人，那麼絕對沒
有在此時袖手旁觀的道理，希望我輩學者共勉！

　　由此可見，如今的學者絕對不能滿足於一般的學校教
育。學者的志向要遠大，要明白科學的本質，要具備獨立的
精神，不能依賴別人。如果沒有志同道合的朋友，便是單人
匹馬，也要擁有干預肩負起國家興亡的重擔的魄力，將自己
的全副身心都獻給這個時代。對於只知道治人卻不知道修身
的日本的國學家和漢學家們來說，我們對他們根本就沒有好
感。正是由於這一點，所以我從這本書的第一篇開始就主張
人民享有平等的權利，並且力求讓每個人都明白各盡其職、

自食其力的重要性。但如果只是自食其力，還算不上是實現了學問的趣旨。例如現在有一個放誕不羈、沉迷酒色的子弟，要透過怎樣的方法才能拯救他呢？要引導他走向為人的正軌，首先必須禁止他再無節制的飲酒和漫無目標的遊逛，然後讓他從事一份正當的職業。在他尚未戒絕酒色之前，是談不到振興家業的。就算這個人沒有沉湎於酒色，我們也不能說他是個有道德的人，充其量只算是一個對社會無害的人，這個人也仍然難免被人稱為廢物。倘若他不但戒除了酒色，而且能夠進一步的從事正當職業；不但能夠養活自己，而且對家庭也有益 —— 只有這樣，我們才能說他符合了一個普通年輕人的條件。這就是自食其力的解釋。

在日本國，士族以上的人由於千百年來傳承下來的舊習氣，不知道衣食是什麼東西，也不明白怎樣才能致富，驕傲的覺得不勞而獲是自己與生俱來的權利，這便與那些沉迷於酒色，得意忘形的人沒有任何區別。此時，對於這些人來說，只有提倡自食其力之說才能讓他從迷夢中驚醒，除此之外再也沒有其他的辦法，又怎麼可能去勸說他們探尋高深的學問以及恪守對社會有益的大義呢？倘若這樣勸說他們的話，便如同在夢裡上學，而他們所學到的知識就更是夢裡的夢了。這便是我們特意主張自食其力，而沒有勸說他們去研究真正的學問的理由；因此這些話只是對那些尸位素餐之輩提出的一個普遍的忠告，而不是向有志於學問的人發出的勸

解之言。

　　近來聽說在中津的老朋友裡面，有些人早在上學的時候便傳授謀生之道的。當然，輕視生計是不對的，但每個人的才智都有長短之分，而且對個人的前途進行考慮也是必要的，但倘若相互效法的話，勢必就爭著去謀生計，那麼恐怕優秀的年輕人都不能成器了。出於對他本人考慮當然是可悲的，而且出於對國家社會的考慮也是非常令人可惜的。謀生儘管困難，但是為了一家人的生活而謀劃，與其很早就賺到讓家庭變得小康的錢，還不如勤儉節約、刻苦學習以待大成，只有這樣，我們才可以期望他們的學問變得淵博、深厚。因此務農便要成為大的農田的主人；經商便要成為鉅賈；學習的人不僅不要貪圖小康的生活，而且還不能畏懼粗衣淡食和嚴寒酷暑的辛苦，不要害怕碾米采薪的勞累。人們完全可以一邊碾米一邊學習，人類所持的食物絕不僅限於吃西餐，麥飯、味噌湯，吃這些食物也仍然可以學習並掌握文明的學問的。

第十一篇　論名分產生偽君子

在第八篇之中，我們已經舉出了實際的例子對尊卑高低的名分在夫婦、父母、子女之間所產生的弊端進行了分析，並且還指出了很多其他的害處。考察名分的產生的源頭，雖然在形式上和用強大的力量來制服那些弱小的人沒有區別，但歸根到底，並不一定都是因為惡念才產生的，而是將社會上的人都當成了愚昧、善良的人，要想加以挽救和誘導，並對他們進行教誨或幫助，使他們在所有的事情上都唯尊長之命令是從，即使是很小的事情，也不讓他們發表自己的意見，完全根據尊長的意志隨意進行安排。這樣的話，一個國家的政事，一個村子的管轄，一個商店的經營與一個家庭的操持，便都能獲得上下一心的成效。它的主旨如同是將社會上人和人之間的關係，都當作了父母與子女之間的關係一樣。

對於十歲左右的孩子，原本是不需要讓他發表自己的意見的，通常來說，都是父母根據自己的意願來給予他衣食。只要孩子沒有違背父母的命令，聽從父母的指揮，那麼一到天冷的時候，父母便會及時的為他們準備好棉衣，到了飢餓的時候，父母便會為他們準備好飯菜。他們的衣服和飲食，似乎是從天上掉下來的一樣，想什麼時候要，就什麼時候

有，他們自由自在的、安然的在家中生活著。父母對子女的愛，就如同對自己身體的愛，一方面要進行教育，一方面也給予獎勵或斥責，但無不是發自內心真正的愛。父母和子女猶如一個整體，其樂融融，這便是父母與子女的密切關係，而兩者之間的名分也就非常自然的在這種關係上建立起來了。但是社會上極力主張建立名分的人，總是想將父母與子女之間的這種關係，生硬的在社會上套用，雖然看似別具匠心，但從中也產生了極大的錯誤。他們根本就不知道，上述父母與子女之間的關係，僅僅存在於智力成熟的親生父母與十歲左右的親生兒女之間，如果要將這種感情放在別人的孩子身上，是很難適用的。即使是親生的兒女，等到他們長到二十歲之後也不得不慢慢改變方法。更何況在年歲漸長，甚至是已經長大成人的普通人身上，就更不可能以同樣的方式來處理了，不然的話便會事與願違。

如今，不管是一個國家、一個政府或一個村莊、一個公司，但凡可以用人類關係來命名的，都可以認為是成年人與成年人之間的結合，陌生人與陌生人之間的互動。倘若想在這方面的結合與互動上使用親生父母和子女那一套方法，難道不是一件非常困難的事情嗎？但是即使實際實行起來非常困難，但是心裡想像著可以順利實施的人，仍然會想將自己所想像的這些方法付諸實踐。這倒也可以說是人之常情，但這也成為了世上名分之所以產生與專制之所以盛行的緣由。

所以我們可以認為名分並不是由於惡念才產生的，而是一些人根據自己的想像強行製造出來的。

亞洲的各個國家，將國家的君主成為萬民之父母，將人民稱為臣子或赤子，將政府的工作稱為牧民，在中國則將地方官稱為某州之牧。這個牧字，如果按照飼養牲畜的意思來解釋，就是將一州的百姓等同於牛羊。將這樣一個名稱公然的標榜出來，真的是太無禮了。像這樣將人民視為孩童，或將人民當作牛羊，正如前面所說的，最開始的本意似乎並不壞，只是像父母養育自己的親生兒女一樣，首先認定國君是英明的，然後選舉提拔賢良方正人士來輔佐國君，其中沒有一點私心，沒有半點雜念，直如矢，清如水，真可以說是推心置腹了。安撫人民最主要的就是愛護他們，如果人民處於饑饉就給他們糧食吃，如果遭遇了火災就救濟和扶助他們，讓他們可以過上豐衣足食、安定快樂的生活。國君的德政如同溫暖的南風的薰陶，人民望風而影從，如草木披靡，柔順像棉花，渾沌如木石，上下一致，最終實現了一片歌舞昇平的太平治世，簡直就是一派圖畫中的極樂世界。但是如果進一步對事實進行考察，就知道政府與人民原本就不是什麼至親骨肉，實際上只不過是一種陌生人之間的交際。陌生人在相互交流的時候，情誼往往不會產生任何作用，一定要透過法律契約之類的東西來進行約束，讓雙方都去遵守，哪怕一毫一厘也要爭取，這樣反而能夠讓雙方和諧相處。這便是國

家法律的緣起。更進一步來說，上面所描述的聖明的君主，賢良的人士與柔順的人民，只不過是一種美好的理想罷了，在實際生活中，到底什麼樣的學校才能夠培養出合乎這種理想的完美的聖君和賢臣，到底透過什麼樣的教育才可以造就這樣順從的人民呢？中國自從周朝開始，就曾經持續為這個問題而冥思苦想，但是一直到今天，這種符合理想的治世局面幾乎一次都沒有出現過。大多數情況下，往往與今天所遭受的外國人的壓迫類似。這也是為什麼那些並不是神明的聖賢不懂得這個道理而「有病亂投醫」，妄圖透過施行小恩小惠來冒充仁政一樣。他們所說的仁政其實含有很大的強迫的成分，妄圖強迫人民「叨沐聖恩」，最終的結果通常是「聖恩」變成了騷擾，仁政變成了苛政，怎麼還會想著讓人民來歌頌這種「太平」呢？假如真的想要歌頌聖恩，那麼恐怕就只能一個人唱獨角戲，再不會有人去奉承，這種想法的迂闊程度，真是可憐又可笑。

這樣的風氣，不光是政府，就是在商店、學校與神社寺院中，都存在著同樣類似的現象。比如舉個例子來說：在商店裡，最熟悉店內業務的是店主人，掌握總帳的也只有店主人一個人。店裡雖然有很多店員擔任不同的職務，但每一個級別的店員都不能明白買賣的所有情況，完全是店主人一個人來進行安排的：薪資要由他來發放，工作也要由他來分派，帳面上無法看出買賣的盈虧，只有透過早晚間偷偷窺視

店主人的神情，才可以略微了解一些情況。店主人臉上堆著笑容，就可以推測出買賣順心，店主人眉頭緊鎖，就可以斷定必然是生意虧損，除此之外，就沒有什麼需要擔心的事情了。他唯一需要關心的事情，就是有沒有店員在自己經管的帳目上做手腳，玩弄一些不可告人的把戲。就算店主人像一隻貓頭鷹一樣時刻不停的監視著，也無法像他想像的那麼周到。或許他一直都覺得店員是一個守規矩、懂本分的人，直到他發現帳目有虧空，或是店員突然死掉，才發現帳目被篡改，出現了很大的漏洞，這才哀嘆其人是不可靠的。實際上並不是這個人不值得信賴，而是專制思想本身就是不值得信賴的。店主人與店員之間的關係與其他的陌生人沒有什麼區別，而店主人在對盈利的分配方面並沒有向店員做出適當的承諾，對待他就像對待小孩子一樣，這確實不得不說是店主人的失策。

正如前面所說的，因為極力宣導和維持這種尊卑的名分，總想著提倡這種虛名，來實行專制，毒害自己所能控制的範圍，於是便形成社會上千百年來所流行的專門用來欺詐的權術。患上這種病的人就可以稱為偽君子。例如封建時代諸侯的家臣，表面上都裝出一副忠臣的樣子，從外表看上去，他似乎是恪守了君臣上下的名分，他的行為舉止也像是遵紀守法一樣非常嚴明。主君死了，便去守靈；主君生孩子的時候，便穿著一身禮服去祝賀。其他例如新年的拜賀，家

廟的祭祀，也從來都不會缺席。他們嘴上總是說什麼「貧者士之常，盡忠報國」、「食其祿者死其事」，一副振振有辭的樣子，似乎立刻就能夠為君效死一樣，所以普通人很容易就被這些人欺騙了。但是從另外一個角度來看，他們便是我上面所說的那種偽君子。在諸侯的家臣裡面，如果真的有盡忠職守的人存在，他們自己的家中就不會積聚財富，因為家祿與薪水都是有固定的數目的，除此以外便不會再有獲得分文錢財的道理。但是事實上卻不是如此，在收支相抵之後，他們還有很多富餘，這難道不是怪事一樁？而且不管是做官所得也罷，賄賂所來也罷，都是在搶奪原本屬於主人的東西。一個最明顯的例子便是監工人員向工匠索要回扣，理財人員向有業務往來的商人索要禮物，類似事情，在德川幕府的三百諸侯[35]的家中已經司空見慣，甚至成為不成文的規定。那些對外聲稱下定決心為主人赴湯蹈火萬死不辭的忠臣義士，竟然在為主人採辦東西時抽頭，損公肥私，成何體統？這種人可以被稱為鍍了金的偽君子。假如有極少數正直的人沒有落一個受賄的壞名聲，那麼就可說是史無前例的有名之臣，在全藩能夠博得好名聲的人，充其量不過是個不會偷主人錢財的人。一個人沒有偷盜之心，這並非什麼值得稱讚的事情，只不過是在偽君子的集團中有些人與普通人一樣，與那些偷竊成性的人混雜在一起時特別引人注目罷了。之所以

---

35 德川時代的諸侯實際上只有兩百多位，但號稱三百。

偽君子會那麼多，是因為古人總是妄想將世界上的人都當作容易駕馭的好人，這樣慢慢就發展成專制壓迫的弊端，最終導致了養虎為患的惡果。因此我多次強調說這個社會最不可信賴和依靠的東西就是名分，而流毒最嚴重的便是專制和壓迫，這難道不是很可怕的事情嗎？

或許有人會說，如此列舉人民不夠忠誠老實的壞事例，的確是無邊無際，更何況並不是每個人都這樣；況且日本國一向自詡為仁義之邦，自古至今有很多義士為主捐軀。可是我始終覺得：古往今來，要說沒有仁義之士的確是假話，但是他們的數量非常少，以至於都不足以拿出來舉例說明。

元祿年間[36]，人們對於義氣的稱讚和弘揚可以說達到了盛極一時的程度。在封祿為七萬石的赤穗藩，出現了四十七位義士。一個封祿七萬石的藩，人口大約是七萬，假如七萬人裡面只有四十七位義士，那麼七百萬人之中也不過四千七百人。再加上人們經常這樣說：物換星移，世風日下，人情越來越淡薄，義氣也就越來越衰退。如果從元祿年間到今天這段時間內人會減少三成的義氣，最終只剩下七成，那麼這七百萬人中便只剩下三千二百九十位義士了。假如目前日本的人口大約是三千萬，那麼也只有一萬四千一百人可以被稱為義士。用這麼少的人來保護日本這個國家，怎

---

36 元祿（西元 1688－1703 年），日本東山天皇的年號。

麼能夠擔此重任呢？便是三歲的孩子也能夠算得出結果。

按照上面的議論，就知道名分這種論調已經完全失去了市場，不過為了慎重起見，我還是要進行一點補充說明。所謂的名分，其實是專指虛偽矯飾來說的。既然是為了博得虛名，那麼尊卑等級就都變成了沒有用的東西。如果把虛偽矯飾的名義與實際的職責互相換個位置，那麼只需要恪守職責和本分就可以了，名分也沒什麼要緊的了。換言之，就是要將政府視為國家的帳房，他們擁有支配人民的職責。將人民視為是一個國家的財東，便擁有向國家提供用度的職責和本分。文官的職責是商議政事、制定法律，武將的職責是服從上級命令，在疆場殺敵立功。除此之外，學者與商人也都有各自固定的職責。但是那些一知半解反而飛黃騰達的人，在聽了「名分無用論」之後，很快就會將自己的職責也忘記了。在民間，他們會破壞政府頒布的法令，假借政府的命令去對民營產業和事業進行干涉。軍隊對政治進行干預，未經法律允許便出兵，文官威力不如武官，只好聽從他們的擺布。倘若真的是這樣，那麼國家必將發生大的動亂。如果不能徹底弄清楚自由和自主的真實含義，那麼違法亂紀等種種騷亂必將此而產生。總之名分與職責和本分，文字雖然相似但其含義卻完全不同，學者千萬不要對此產生誤解。

第十二篇　論提倡演說

　　演說一詞，英文為「Speech」，即將很多人集合在一起，對著他們講話，以便將自身的想法傳達給他們。日本自古以來從未聽說過這個詞，僅有寺廟裡僧人說法這件事與演說差不多。但在西方各國，演說則十分流行，上到政府議院、學者聚會、商人公司、市民會聚，下到冠婚喪祭、開張開業等瑣碎之事，只要集合十人以上，就必定會有人闡明集會的宗旨，或發表個人平生的觀點，或講述那時的感觸，早已形成了當眾發表見解的風氣。此方法的重要性，實在無須贅言。比如西方國家的議院，在其開會的時候，如果不先具備演講的方法，那麼儘管有議院，也不會產生什麼作用。

　　用演說這種方式闡述事理，其重要與否暫且不論，現在僅指出一點，即口頭敘述是可以讓人自然而然產生興致的。例如使用文章敘述出來的不太讓人感覺有趣的事情，一旦改用語言講述，則不僅容易明瞭，而且會感人肺腑，古今著名的詩歌都屬於這種。如果將這些有名的詩歌翻譯成普通文章，便會感覺興致索然。但是如果根據詩歌的方式，具有詩歌的文學體裁，便會感覺興致盎然，讓人心有所觸動。所以將一個人的觀點傳遞給眾人，其快慢進度和傳遞的方式方法有很大關係。

　　為學不止於讀書，這是眾所周知的事情，無須贅言。學問的訣竅，在於它的活學活用，不能夠活學活用的學問，相當於沒有學。從前有一個這樣的故事：一個研究朱子學派的學者，在江戶 [37] 研究了很多年，並將朱子學派各個名家的學說書寫成本，日夜不息，幾年時間抄寫了幾百卷，自認為學業有成，可以回鄉了。他走東海道，將自己的著作放在箱子裡面，委託繞道航行的船運回去，不幸的是船在遠州的海面上出了事。因為遇此劫難，雖然書生自己返回了故鄉，然而他的學習成果卻都沉到了海底。此時他身心俱疲，重新回到了所謂「空無一物」的狀態，其無知恰與之前無異。如今的洋學家，也有此種缺點，如果到現在城市的學校中去看看他們讀書與探討問題那種的情形，好像也不是不能將他們稱為學者。但是一旦把他們的書拿走，讓他們去鄉村中，恐怕當他們在遇到親朋好友的時候，或許也會說出「我的學問都寄存在東京了」這種奇怪的話吧。

　　有鑑於此，我認為學問的宗旨不止於讀書，更重要的是精神上的活動。如果想要靈活的展開這種活動並將其付諸實踐，那麼就必須要下很大的功夫。「observation」一詞的意思是觀察事物。「reasoning」一詞的意思是探討事物的道理然後再加上自己的看法。如果只做到了這兩方面，還不可以說是已經做到了學之能事。另外還須博聞強識，著書立說，

---

37 江戶，明治維新之前東京的舊名。

與人探討，或者發表自己的論著。只有做到以上種種，才可以算得上是致力於學問之人。換而言之，就是憑藉觀察、探討、讀書等方式方法搜羅知識，借助話語交換知識，並以著書與演說作為傳遞知識的方法。不過在上述各種方法當中，有的僅需一個人就能夠做到。至於談話演說，則非借助於多個人才行，因此演說的重要便不言而喻了。

如今日本人民最為憂愁的事情，莫過於人民見識不高，而現今學者的職責，當然是引導人民讓自身的見識提高。只要決定了指導的方式，就一定要盡心盡力從事。然而雖然清楚了解談話演說在治學方面的重要性，卻無人願意實踐，這到底是什麼原因？那只是因為學者們的懶怠罷了。人世間各種的事物，原本就有內外兩面的分別。正是由於事物具有兩面性，因此必須要齊頭並進，全面發展。如今有非常多的學者，僅僅在內部這一方面下工夫，而對外界的事物則茫然不解。這一點一定要加以思索。殊不知那些被稱得上是真正學者的人，一定會做到內心深沉如淵谷，待人處事靈巧如飛鳥，律己謹慎不苟，待人豁達大度，只有如此才可以。

論一個人的品行必須要高尚

前面已經指出如今日本最值得擔憂的事情就是人民缺少見識。一個人見識和品行的高低，不能僅憑談玄論理去平衡。比如禪家有所謂的悟道之說，其理論玄妙無稽，但在看

了僧侶們的行為之後，更覺迂遠而不切實際，事實上跟毫無見識沒有什麼區別。

再者，人的見識品行的高低也不能夠僅僅憑藉見聞淵博與否來判斷，有的人雖然讀萬卷書並且和天下人往來，但他自己卻沒有固定的看法。比如故步自封的儒學家們就是這樣。其實，不僅僅是儒學家，就連西方學者也難免存在這樣的問題。現在有志於革故鼎新的西洋學問的人，或讀經濟學方面的著作，或說什麼修身養性，或是學習哲學，或是學習科學，將自己的全部精力都寄託在學問上，其勤懇研究之苦，猶如古人的頭懸梁、錐刺股。但是假如涉及他們自身，便會發現並非如此。這類人雖然眼中看著經濟書，但是卻並不能管好自家的財產；雖然講修身，卻並不知道提高自身道德。他們言、行不一，似乎完全是兩個人，更看不出他們有什麼見識。

這些學者嘴裡說的與眼裡見的，儘管不能說是完全錯的，但是「實事求是」和「自以為是」完全是兩碼事。兩者有時是統一的，有時則正好相反。俗語說「當醫生的不會養生」與「讀論語的不懂論語」，就是這個意思。所以我們能夠確切的說，人的見識品行之高，不能僅憑空談玄理，也不能僅憑見聞是否淵博。

那麼到底要用什麼方法才可以把人的見識提高，進而讓

品行也提高呢？其訣竅只有一個，那就是對事物的情況進行精細的分析和對比，力爭向上，不要自負驕傲。不過這裡所講的分析和對比，不只是一事一物的對比，而是要將此一事物全面的狀況與彼一事物全面的狀況排列起來，衡量彼此的得失，毫無保留的進行觀察。比如現今的年輕學生，只要沒有沉迷於酒色等不良惡習，並且能夠認真用功，便不會遭到父兄尊長的斥責，甚至會表現出得意的神情。但是這種得意不過是與其他無賴學生對比的結果。學生認真用功，乃是人之常情，並不值得特意稱讚。人生的目標本就應該有更高的要求。如果遍數古今人物，與其中某人相比，只能與其功績相等，那麼便不可滿足，一定要效仿更高明的人物。例如我只有一件拿手的事，但他卻有兩件，所以我便不可以安於一得。何況要在後來居上的原則下，立志做個空前絕後、無可比擬的人呢？可以說現在人的使命是非常重大的。然而若只是依據認真用功一事來判斷人生的前途，那就太欠缺考慮了。本來沉迷於酒色的人，僅能證明他是一種不同尋常的怪人。若是因與此怪人相比而洋洋自得的話，那就如同有了雙眼就自鳴得意的向瞎子炫耀一樣，正好展現了他的無知。所以好作酒色之談的人，不管他是言語中肯，或者論是說非，總之他不外乎是一個卑劣的人，但凡一個人的品行稍臻上流，就不可能說出這種低賤的話，否則縱然議論時談笑風生，也只是惹人厭惡罷了。

　　如今日本人評述學校，不是講這個學校的風氣怎麼樣，就是說那個學塾的管理怎麼樣。世間身為父兄之人，特別關心校風管理之事。然而所謂的校風管理，到底是指哪些事情呢？假如是指森嚴的校規，為著預防學生的狂妄無賴而實行周密的管理而言，那就不僅不是探究學問的好事，還可以說是一種羞恥。西方各國的校風絕不能夠算好，偶爾還會發生不堪入目之事，但是在評述他們學校的時候，卻沒有聽說只是憑藉校風之純正和管理之嚴緊即獲得聲譽的，而學校的聲譽只在於學科的進步，教學的精良，人物品行的高尚以及談吐的不凡等。所以我覺得主辦學校之人，不要把如今在學校學習的學生與其他不良學校的學生相對比，而是要參考世界高水準的學校，來斷定其是非得失。校風良好與管理嚴謹，儘管不失為學校的優點之一，但是這種優點恰好是學校裡最微不足道的部分，不值得誇耀。假如要想與高水準的學校相比，那麼就應該在其他的地方加倍努力，因此討論所謂管理是學校當務之急的事情的時候，絕不能因為管理周到而感覺滿足。

　　針對一國的情況來講，也是如此。比如現在有一個政府，擢用賢才君子之士管理政務，體察人民的苦樂而採用恰當的方法。賞罰分明，恩威並用，萬民歡樂，天下太平，這好像是值得炫耀的。然而所謂的賞罰、恩威、萬民、太平，都只不過是一國內部的事情，一個或者幾個人的意識中所產

生的概念。所以其所謂得失，也僅僅是與本國前一時代或者其他不好的政府對比，而非將全國的所有狀況，與其他國家從頭至尾進行詳盡對比的結果。倘若把全國視為一個整體，來與其他文明國家進行比較，考察彼此在數十年間的所有得失，從而恰當的取長補短，再根據實際所見去談論其損益，那麼他們所炫耀的事情便絕不足以炫耀了。

例如，印度這個國家不能說不古老，其文明的歷史可以追溯到西曆紀元幾千年之前，其理論的玄妙精湛，即使和如今西洋各國的哲學相比較也毫不遜色。又比如從前土耳其的政府，也曾風靡一時，禮樂征伐之法，十分完備；國君英明，朝臣忠正；其人口之眾多，士兵之勇猛，在當時鄰近的諸國當中，更是標新立異，一時名震四方。一切對印度與土耳其的評論，沒有不說印度是著名的文化古國，土耳其則是英勇的大國。然而如今這兩國的真實情況，已大不如從前。印度淪落成為英國的領地，其人民與英國的奴隸無異。印度人的職業變成了種植鴉片，英國商人則販賣鴉片，迫害其他國家並從中獲利。土耳其政府儘管名為獨立，可是商業大權卻被英法人掌握在手中。由於自由貿易的關係，本國的物產日漸衰退，沒有人去織布，沒有人製造機器，所以人民不是揮汗耕地，就是無所事事，虛度光陰。所有製成品都依靠英法輸入，國家經濟沒有辦法治理，縱然是一向以英武著稱的士兵，也會因為貧窮的影響而失去作用。

　　綜上所述，印度之文與土耳其之武，儘管曾經顯赫一時，但是都未曾對其國家的文明做出貢獻，這究竟是何原因呢？這是由於人民所看到的只限於國內之事，滿意於本國的現狀，並將其中一部分狀況和他國進行比較，並認為旗鼓相當，即掩耳盜鈴之行為，討論與同夥的見解都逗留在如此地步，不懂勝敗榮辱是針對全局而言，所以不管是天下萬民共賀太平，或還是國家發生內戰，其結果都是在無聲無息間受到外商權勢的壓迫，直到國家敗亡。試觀外商所到的國家和地區，在亞洲已經可以說是所向披靡，實在令人感到恐怖。如感到這個勁敵的威脅，並且仰慕其國家的文明，則須把內外情勢詳加對比，並為了國家文明的前途而奮鬥。

第十三篇　論怨恨的危害

　　儘管世間不道德的事情已經非常多，然而對人們交際危害最大的卻只有怨恨這一種。比如貪吝、奢華、誣衊這一類的事情，自然都是十分明顯的不道德的行為。然而認真思索之下，這些行為的實質並不是完全不好的，有時因為應用的場合、程度的強弱與進行的角度不同，就可以免於不道德之名。例如愛財無饜稱之為貪吝，但是愛財是人的天性，如果是為了充分滿足這一天性，那麼就不能夠責備他。唯有貪得分外之財的時候，即求之不得其所，愛財超乎常規，超乎情理之外，或昧於求財之方，違背了情理的時候，才能夠說是貪吝且不道德。因此不能因為僅僅看了愛財的內心活動就立刻對它下一個不道德的定論。在道德與不道德之間，其界限是有一定的尺度的。在界限之內的叫做儉樸，又叫經濟，應該成為社會上值得提倡的一項美德。奢華也是如此，僅憑藉是否與身分相稱這點來判斷道德和不道德是不客觀的。喜愛穿輕暖的衣服與住好的房子，都是人之常情，符合自然的道理，滿足這方面的需求怎麼可以說是不道德呢？財積當散，不逾常理的散財行為，便可以說是人間的美事。

　　誹謗與辯駁也是難以區分的。詆毀他人叫作誹謗；發表自身所認為的真理並將他人的困惑解除，這叫作辯駁。因此

在社會尚沒有發現真正的公理之前，還不能判斷人們的談論何為「是」，何為「非」。在是非尚未判定的時候，雖然可以把社會的輿論作為公理，但是欲明悉輿論所在也是非常難的。因此不能一見誣衊他人的人就立刻說他不道德。要想區分它究竟是誹謗還是辯駁，首先必須要探尋世間的公理。

另外比如自豪與無畏、粗獷與率直、鄙陋與踏實、輕浮與敏慧等，都是相對而言，需要從應用的場合、程度的強弱以及展開的角度來區別德和無德。假如行為的實質完全是不道德的，無論它的場合、角度如何，都可以認定其為最壞的行為，那就唯有怨望了。怨望是行為的陰暗面，並不是上進的。一個人因為其他方面的狀況感覺不滿，不能反躬自省，而是透過對他人多方苛求來寬慰自身的不滿。這種方法，不但對自身沒有多大的好處，而且對別人損害也更大的。例如在比較他人的幸運與自身的不幸之後，並不省察自身不足之處，想方設法去彌補，而是總想讓他人陷於不幸，讓他人的狀況更加惡化，以求跟自己一樣。這就是所謂「惡之欲其死」的行為。這種人為了補償自身的不幸，去損害社會上其他人的幸福，實在是有百害而無一利的行為。

有人說欺詐或者說謊這種壞事的本質也是壞的，且與怨恨相比較並沒有輕重的區別。我覺得這句話雖然看上去好像有一定的道理，但是如果就事件的原由與結果來講，卻不能夠說明它們本身之間沒有輕重的區別。欺詐與說謊自然是非

常不好的事情，但是並非是形成怨恨的原由，多半是因為怨恨而形成的結果。怨恨正如「眾惡之母」，這是由於有它，世間才產生了一切不好的事情。比如猜忌、妒嫉、恐懼、卑怯之類，都是因為怨恨才產生的。而從它藏匿的形態來看，多是密語私言和陰謀詭計；如果一旦爆發，就便會變成朋黨暗殺、內亂暴動，不僅對國家絲毫無益，而且如果禍亂波及到全國，大家都將遭受其害，這是真正的犧牲公利以逞私忿。

怨恨對於人和人之間的關係是如此有害，如果追溯它的根本，其實只不過是一個「窮」字。但這並不是指窮困、貧窮的窮，而是指堵塞言路，損害人們活動的那種行為，讓人類的本能活動陷於窮迫的地步。如果是將貧窮、窮困作為怨恨的根由，那麼天下的窮人都要申訴不滿，富貴的人則將成為「怨恨之淵藪」，人和人之間的關係恐怕一天都不可能維持下去了。不過實際上卻並非如此。不管如何貧賤的人，假如明白自身之所以貧窮的根由，即如果清楚貧窮的原因在於自己本身，就絕不會盲目的怨恨別人了。現在我們沒有必要列舉例證，只要看到現在的世界上確實有富貴貧賤的區別，卻能夠很好的維持人與人之間的關係，就可以明白了。所以說富貴並非是怨恨的根源，貧窮也不是不平之氣的根源。

由此想來，怨恨並非因為貧窮而產生的，僅僅是由於人的本能活動受到約束，處於禍福之中卻不能夠自主，這樣的

人才容易產生這種情緒。從前孔子曾嘆息「唯女子與小人難養也」。現在看來，這可以說是孔子根據自身的體會所發出的感慨。如果從人的心性來講，男子與女子其實並無區別。再者，他所講的小人指的就是奴僕，但是奴僕並非天生下來就是奴僕。而奴僕和貴人的天生性格並沒有什麼不同。那麼為什麼只說女子與小人「難養」呢？這是由於以前的政府常常向人民灌輸卑屈意識的原因，把柔弱的婦女與奴僕束縛，讓他們絲毫不可以自由活動，所以就產生了怨恨的風氣，等發展到了頂點的時候，就連孔夫子都為之嘆息。本來如果是行動不可以自由，那麼就肯定會怨恨他人，這是人之本性。這種顯明的因果關係，就如同種瓜得瓜、種豆得豆的道理一樣。然而被稱之為聖人的孔夫子，不明白這個道理，又不能從其他方面進行探究，也就只能發出這樣的嘆息了。不過孔夫子的時代距離明治年間已經有兩千多年，在未開化的時期，如果想要適應那個時代的人情風俗並實行教化，將當時社會的人心維持住，就必須採取束縛式的權宜之法。就算孔子真的是聖人，具有洞察萬世之後的真知灼見，然而在當時也只能應用這種權宜之法。因此後世學習孔夫子之人，也一定要考慮時代這個因素，進而決定如何取捨。如果要是有人想將兩千多年以前的教條紋絲不動的搬到明治時代來實行，那真可以說是不識時務了。

　　這裡再舉一個近代的例子，在日本封建時代，很多諸侯

侍女的情況是最能夠證實怨恨的盛行對於社會上人與人之間的關係的害處是最大的。一般來說，在當時的諸侯府中，由一群沒有學識的婦女來侍奉一個沒有智德的主子，勤奮的不會得到賞賜，懶散的也不會受到懲罰；有進諫而被責罵的，有未進諫而被責罵的；講話也好，不講話也好；欺詐也不好，不欺詐也不好，一天到晚，只是見機行事，試圖僥倖獲得主人的恩寵。這種情形正如無的放矢，射中不算巧妙，沒有射中也不算笨拙，可以說是與人世之外的另外一個世界。生活在這樣環境中的人，喜怒哀樂的心情必定會發生變化，而且與其他人也不一樣。縱然她們中間有時會出現能夠出人頭地的人，但是他人也不會去學習其出人頭地的方法，僅有欽羨之心，欽羨之極就會產生妒嫉。所以整天忙著妒嫉同輩，怨恨主人，哪裡有時間去思考主人家的恩澤？在她們之間，忠信節義只是場面話，實際上就算看到席子上撒了油，只要沒人看到，便不會去擦拭，甚至在主人病危的時候，還有非常多的人想起平日相互嫉視的情況，而不去照料主人的病。更進一步講，因為怨恨妒嫉到了頂點，就連迫害主人的傳聞也有很多。如果將從古至今類似的壞事加以統計，又比如將諸侯府上發生這種事的數量與社會上普通人家發生這種事的數量進行對比，那麼必定是諸侯府上發生的壞事更多一些，這是能夠斷定的。怨恨的禍害豈不是十分可怕的嗎？

看過上述諸侯侍女這個事例之後，就可以推知出社會上

的大致情況。人世間最大的禍患是怨恨，而怨恨的根本是「窮」，所以一定要集思廣益，不可有損害人的活動。試將英美等國家的狀況與日本的狀況相對比，在人的社會關係這一方面，假如有人想知道到底是哪一方面擺脫了諸侯府裡的那種狀況，那麼我們就會這樣回答：現今日本的狀況雖然不能說是和幕藩時代一樣，但是如果從兩者之間的距離來說，那麼日本的情況是更接近於幕藩時代的，而英美等國的情況則距離比較遠。英美等國並不是沒有貪吝驕奢的人，也並不是沒有粗獷狂暴的人，而且也存在欺詐的行為，其風俗絕不可以說是完美無缺的。只是在內心藏有怨恨之情這一方面，卻與日本有所不同。如今的有識者提倡成立民選議會，並要求出版自由，其得失暫且不論。這種提倡的動機，不外乎就是這些有識者認為不應該讓現在的日本像以前的諸侯府那樣，不應該讓如今的日本人民像以前諸侯的侍女一樣，他們想要讓怨恨轉變為積極的行動，消除妒嫉的心理，鼓勵相互競爭的風氣，毀譽禍福全都透過個人的力量來掌控，從而讓全社會的人都明白咎由自取這個道理。

　　將人民的言路堵塞，對人民的活動進行損害，乍一聽似乎僅限於政府在政治上的某種弊端。但這種弊端並不一定只在政府出現，在民間也有非常大的流毒，因此如果只在政治上進行改革，也是無法將其根除的。現在就在本篇行將結束時，針對政府之外的情況再談幾句。

　　其實人們都是喜愛交際的，但是由於習慣的關係，有的時候反而變得討厭交際。世間有孤僻成性的人，特意在窮鄉僻壤居住，以迴避所有的社會交際，我們將這種人稱為隱士。也有一些人並非真正的隱士，僅僅是不想與他人打交道，從而離群索居，力避塵俗，自命清高。我推測這些人的本意也並不是因為厭惡政府的舉措而萌生退意，僅僅是由於意志消沉且越來越弱，失去了與事物接觸的勇氣，而且又胸懷狹小，不能夠容納他人。由於不能容人，也就不被人所容。如果別人退一步，自己也退一步，那麼雙方的距離就會越來越遠，以至於將別人視為異類，最後竟然成為仇人，相互怨恨，這真可以說是社會上的一種大災禍了。

　　又比如在人們的日常交際中，還沒有見到對方的人，僅僅是看見對方所做的事情，或者是在遠方聽到對方的話，只要覺得與自己的想法稍有不合，就不僅不會產生惺惺相惜的情感，反而會產生憎惡嫌忌的想法，而且大半都是非常過分的。這也是天性與習慣使然。比如商討一件事情，只憑藉傳言與通訊大多是不可能將問題解決的，然而一經面談，通常就會將問題圓滿解決。又比如時常聽聞某人有怎樣怎樣的說法，但是當面一談，就明白完全不是那個樣子了。大抵是因為人類的情感中存在寬恕的心理，一旦互通情誼，怨恨嫉妒的想法自然就消失了。從古至今來發生過很多暗殺事件，我總是認為：如果有恰當的機會，可以讓暗殺者與被殺者相

處幾天，然後雙方毫不避諱的訴說各自的真實想法，那麼就不會覺得有多麼深的仇恨，兩人不但會相互諒解，而且很有可能成為至交好友。由此可見，堵塞言路和阻礙活動，不僅是政府的弊端，而且還普遍盛行於全國人民中，就連學者也在所難免。這說明如果不接觸事物，人的蓬勃朝氣就很難產生。因此言論應當聽其自由，活動應當聽其自由，貧賤富貴也只能讓他本人自己去爭取，別人不能加以阻礙。

第十四篇　論內心的自省

　　我們曾經耳聞目睹很多這樣的情況：一個人在無意識狀態下做了壞事，或是在無意識的情況下做了蠢事，還有就是會非常意外招致失敗。不管多壞的人，也不一定一輩子都想做壞事，但是在待人接物的時候，恰巧產生了惡念，雖然明明清楚不可以這樣做，但是仍然為自己找藉口，勉強安慰自己。又或者是當時並不覺得是什麼壞事，不但無愧於心，而且一心無二的認為那是件好事。假如有人提出反對，反而會讓他變得憤怒，但是經過相當年月的反省之後，他最終會意識到自己當時行為失當，並對此感到十分慚愧。

　　一個人或智或愚，其強弱雖然不同，但是沒有人會覺得人的智力連禽獸都比不上。我們必須要明白，世上有各種不同的事業，必須要加以區分，選擇從事適合自己的工作。然而有非常多的人在工作當中，通常會在無意間犯下過失，致使其違背初衷，從而被世人所嘲諷，自己也會感覺後悔。綜覽世上有志建功立業而謀劃失誤的人，不禁捧腹並竊笑其愚蠢。然而謀劃的人並非就是如此愚蠢，如果經過充分調查並查明真相，就能明白他們當時那樣做並不是全無道理。只是由於世事變化迅速，不易提前偵知，因此儘管屬於明智之人，也會意外做出不明智的事。

　　此外，人們的計畫經常過於宏大，而且很難正確的預估事業的大小及難易程度、時間長短。富蘭克林（Franklin）曾經說過：「就算是經過充分思考的事情，一旦到了即將付諸實行之際，仍然會覺得考慮不周。」這實在是至理明言。比如囑託木工蓋房子和向裁縫訂做衣服的時候，十有八九都會誤期。這並不是木工和裁縫有意不遵守信用，而是他們事先並沒有將工作完成的時間精確的算出來，這才導致了無意的違約。世人常常責問違約的木工和裁縫，也並非毫無理由，木工和裁縫也深表歉意。這些顧客好像十分明白事理，但是他們自身所從事的工作，是否可以遵照期限完成不誤呢？再比如來自鄉下的書生，立志歷盡艱辛，在三年之內把學業完成，但是其志願到底能否圓滿達成呢？又比如自負才高的人，將渴盼已久的原版著作搜求到，限定三個月之內要將其讀完，屆時當真可以如願嗎？還有一些有識之士，一再上書政府，力言假如讓他們加入政府就會如何如何，並保證半年之內能夠讓政府面貌一新。然而等到他們實現參與政事的願望之後，也不見得能夠完全兌現諾言。此外又或許有個窮困的書生會說：「我如果擁有萬兩黃金，肯定會馬上在日本廣設學校，絕不讓任何一人失學。」但是假如遇到良好的機遇，做了三井、鴻池[38]的養子，卻又未必可以踐行諾言。這種夢想，數不勝數，都是因為不能夠精確計算事業的難易

---

38 三井、鴻池，日本的兩大財閥。

程度與時間的長短，要麼是預計的時日過短，要麼是將事情看得太過簡單。

又比如，當我們聽到社會上某人創立某項事業的計畫，就能夠明白：他在一生或者十年以內將要做的事是最多的，在三年或一年以內將要做的事就少一些，在一個月以內或是計劃後馬上要做的事情就更少了。然而我們至今還未曾見過有誰已經將十年之前所訂立的計畫完成了的。他們談到那樣漫長且悠遠的未來，似乎計劃得十分遠大且周密，然而當最後期限逐步迫近，甚至到了期限結束的那天，這人還不能詳述其計畫。這種不穩妥的事情，就是因為制訂計畫的時候，沒能夠精確計算時間的長短所導致的。

綜上所述，在人的一生當中，時常會在關乎道義的事情上出現無心之失，或是在聰穎的事情上無意識的做出愚蠢的事，在事業上也有可能遭遇意外的失敗。對於這種不稱心的事情，自然有種種防範的辦法，但是其中一項通常是被人們所忽略的，那就是對事業的得失成敗與否，應該時常在胸中妥為盤算，用經商的話來講，就是要盤貨結算。

大凡商業經營，沒有從一開始就想著賠本的。商人首先應該要顧及到自身的才能與本錢，並且要洞察商情，才可以開始營業。之後隨著行情的變化，或是稱心如意，或是事與願違。又或許這批進貨賠本，那批銷售獲利，在年終或者月

終結帳時，發現按照預計的情況要麼進展順利，要麼相差極大；又或者在買賣忙碌時覺得經營這種商品有利可圖，等到看到盤貨結帳時所做的損益對照表，才知道與原來的預計相反，造成了損失。又比如進貨的時候，有時覺得數量不夠，等到盤貨結帳時卻發現貨物積壓，並且銷售也頗費時日，於是又嫌棄自己進貨過多了。可見商業經營中有一件非常重要的事，就是平日不僅要精細結帳，而且更要如期盤貨結算。

其他的事情也是一樣。因為人們從十歲左右懂事之後就會開始從事與商業買賣類似的活動，因此一定要注意精密盤算一生的智德事業，力圖防止損失，而且一定要對照經商而謀劃以下各個方面：過去十年之中有哪些損失和收益，現在應該做哪種買賣及其行情如何，應當買進哪種商品，在什麼時間什麼地點出售，自律是否嚴格，是否給予懶散懈怠的習氣可乘之機，今後假如從事同樣的事情，是否前途光明。另外還有無其他有益於智德的方法？如果針對上述事項逐一檢查，就像商人盤貨清算那樣進行總結，那麼在過去和現在的品德方面，必定可以發現很多不妥之處。這裡舉例說明如下。

以前有的人雖然口頭上講「貧者士之常，盡忠報國」，但是卻貪心的把農民所生產的稻米都吃光了，並且面露得意之色。時至今日，生活實際艱苦，但卻不知道有外國已經有槍枝，自己仍然購買刀劍，結果由於刀劍無用武之地而感到

後悔。又有人特意鑽研中日古籍，不管與日俱增的西洋學術，過於信古不疑，如同念念不忘去年夏季酷暑的商人，即使到了嚴冬之際，仍然購進大批蚊帳，以便來年熱銷。還有一些年輕學生，學問還未有所成，便驟然求作小吏，以致一生淪於微職，就如同將做成一半的衣服質押於當鋪，而不能贖出來一樣。也有人還不具備歷史、地理的基本知識，連書寫普通的信件都感覺艱難，卻妄圖閱讀高深的著作，開卷不到五、六頁，卻又想要去讀別的書，正如手頭沒有資金卻做起了買賣來，而又不時的改行一樣。又有人儘管讀過很多關於治國理政的書籍，卻不知道天下國家的大勢，以至於連個人和家庭的溫飽都不能解決，這就好比連算盤都未曾購置過，就開起雜貨店做生意一樣。還有人只知道治天下卻不知修身，就好比建議鄰居看好家當，卻不知道盜賊已經進入到自己的家一樣。再比如有人口頭高唱進步而心中實則沒底，不去思考自己到底是哪一類人物，就好比只知售品的名稱卻不清楚其價格一樣。以上種種不合理的現象，在如今的社會上舉目皆是。追溯其根本，就是因為人們隨波逐流，不注意自我反省，對於之前做過些什麼，現在正在做什麼與今後應該做什麼，沒有進行自我反省所導致的。因此為了解商業經營的狀況，樹立日後的計畫，一定要做帳目的結算；為了解本身的狀況，建立日後努力的方向，更要做智德事業上的反省。

「照顧」的含義

「照顧」一詞有兩層含義，一是保護，二是命令。所謂保護，即從旁幫助與保護他人，或給予金錢物品，又或者是在旁人身上花費時間，讓其利益和名譽不會喪失。然而所謂命令，則係為他人設身處地著想，向其指出妥當的方法，如果對方覺得欠妥，即不惜向其提出反駁，並且竭力發出忠告。這也是照顧的意思。

綜上所述，照顧包含保護與指示這兩層含義。如果對於他人的照顧可以做得恰到好處，世間即能夠安定圓滿。比如父母為子女提供衣食，給予保護性的照顧，子女也遵從父母的話語，接受指令，則親子之間就能夠親愛和好。又比如政府制定法律，依法保護人民的生命、名譽及財產的安全，尋求普遍的安全，給予保護性的照顧，人民也服從政府的法律，接受指令，那麼公私之間就可以安定融洽。

因此保護和命令既為兩事，但是彼此又相依並存，不可以加以混淆絲毫。保護所及，也就是指示所到之處，而指示所到之處，又不可以不是保護所及之所。假如兩者發揮作用的程度有所差距，那麼儘管這種差距極其微小，也會產生不協調的現象，變成禍害的根本，世上有不少這樣的例子。由於人們時常把照顧的字義搞錯，有單獨將其理解為保護的，也有只將其理解為指示的，偏於一方，沒有完全明白其含

義，因此導致大錯鑄成。

比如毫無節制的將錢拿給不聽父母的話的不肖子弟，這樣做反而更加助長了他們玩樂放蕩的行徑。這就屬於保護性的照顧，雖然做得全面周到，但是並沒有做出命令性的照顧。又比如兒女謹慎勤奮、聽從父母的指令，但是父母卻不能為他們提供充足的衣食，使其陷入輟學的境地，那就是只有命令性照顧，卻忽視了保護性照顧。前者是做兒子的不孝，後者是做父母的不慈，都屬於人間的不幸之事。

古人曾有「朋友數，斯疏矣」[39] 的箴言。說的就是對不聽勸告的朋友表示過分關心，又不明瞭其心境，總是厚著臉皮提出反駁，以致反而讓對方感到厭煩甚至是憎惡、輕侮，其結果當然也是沒有任何作用，最終朋友之間反而變得疏遠。這就說明既然指示性的照顧行不通，那麼保護性的照顧也就不必要了。

又比如以前曾經有過鄉下的老人，總是會拿出以前修訂的族譜來對別人的生活指手畫腳；還有生活過度貧窮的叔父，會叫本族的姪子出來，對家事進行指責，並斥責薄情，品性不端，甚至假借「莫須有」的祖先遺言，來搶奪姪子的家產。這種狀況，是命令過多而保護全無所導致的，俗語所謂「照顧太甚」，說的就是這個意思。

---

39 出自《論語・里仁篇》，意為「指責朋友，就會被朋友疏遠」。

又比如世間的所謂貧民救助，既不問其人的品性好與壞，也不追究其貧窮的原由，僅是看到貧困的情形，就把米錢給予他們。對於鰥寡孤獨且沒有依靠的人，自然應該加以救助，但是在領到五升救助米的人中，卻不免有把其中三升救濟米換成酒喝掉的人。既然沒有下令禁酒，而且漫然給米，就是沒有實行指示性的照顧，超出了保護的限度，俗話說「操心過度」，說的就是這個。對這一條，即使是英國政府在頒布救貧法律時也感到十分為難。

如果將這個道理拿來用在一國的政治上，總是人民以租稅的方式向政府繳納費用，政府用來保護普通百姓的生計。但是在專制政權之下，政府完全不會採納人民的建議，而且也沒有可以提出建議的地方。這就是只是做到了保護的一方面，而指示的道路卻被堵塞了。對人民而言，這也可以說是政府「操勞過甚」了。

這種例子，實在數不勝數。可見這個照顧的字義已經變成經濟上最為重要的因素，人們在生計方面，不論職業的異同或事務的輕重，都須時常加以留意。或許有人會覺得這樣做只需要拿著算盤計算就可以了，又覺得好像有些刻薄。不知如何讓本來薄弱的地方努力得到加強，這反而對人類的至情是有害的，讓人們在往來中感覺非常苦惱，也可以說是沽名釣譽、有名無實了。

　　以上論點固然可以成立，但是我仍怕世人有所誤解，因此這裡特意再附上幾句話：修身之道並不是完全與經濟方面的法規沒有衝突的。這是由於個人的私德並不能完全對天下的經濟造成影響。比如施捨財物給素不相識的乞丐，或者一見窮苦可憐的人，不問其由來，就會施捨一些財物，這種救濟的行為算是保護性的照顧，但是這種照顧並沒有與指示性的照顧同時施行。假如縮小思考的範疇，只從經濟上是否公平來考慮，則似乎並沒有什麼不妥之處，但是從私德角度來說，這種施惠之心是最為可貴的，應該加以嘉許。假如世上有禁止乞討的法律，固然屬於光明正大的舉措，然而人們私下把錢物施捨給乞丐的好意，也無可厚非。世上的事情是不可能完全由算盤來決定的，然而一定要嚴格區分可用和不可用的地方，這點非常重要。希望世上的學者不要因為只考慮經濟而卻忽略了仁惠的私德。

第十五篇　論對事物的懷疑與做出取捨

　　輕信就容易受騙，懷疑能夠獲得真理。怎麼證明？試看世上的蠢人，通常輕信於人言、傳聞、書信、小說；迷信於神佛卜筮；父母如果生了大病，總是相信按摩就能治病，或是服用一些樹皮草根；女兒出嫁，則聽信算命先生的指點，因此導致失去一位佳婿；有病不去看醫生而去求神拜佛；甚至寄希望予不動明王 [40] 可以鎮壓邪鬼，甚至有因此而絕食喪命的。這些在民間流行的風俗習慣，根本不算什麼真理，真理少了，那麼欺騙必然增多，但是由於一般人容易輕信，所以容易受其迷惑，因此我說，輕信就容易受到欺騙。

　　文明的進步，是由於人們對世界上有形的物質與無形的人事兩方面的動態進行不斷的研究，進而發現是由於真理推動的。西方各國人民之所以能夠達到如今的文明程度，追溯其根本，可以說都是由於懷疑而產生的。比如，伽利略因為對天文學的舊理論產生懷疑進而發現了地球是運動的；伽伐尼 [41] 懷疑青蛙腿的痙攣進而發現了生物電；牛頓因為見到蘋果落地而產生懷疑，地心引力因此被發現；瓦特見水壺燒開

---

40 不動明王，佛教傳說中可以降伏魑魅煩惱的神靈。

41 伽伐尼（Luigi Galvani，西元 1737－1798 年），義大利解剖學家、醫生、物理學家。他是第一批涉足生物電領域研究的人物之一，這一領域在今天仍然在研究神經系統的電信號和電模式。

之後產生蒸汽而有所懷疑，因此導致蒸汽得到了利用了。可以說，一切都是從懷疑而引發了深入的研究，最終得到了真理。如果暫時將物質領域拋開，改為從人事方面來考察，就能夠了解其進步的情狀也是差不多的。比如湯瑪斯·克拉克森[42] 反對買賣奴隸法律，也是由懷疑出發，最終為後世阻絕了人類的一大慘劇。馬丁·路德（MartinLuther）對羅馬舊教有所懷疑，認為它不合理，於是實施了宗教改革。法國人民對貴族的驕橫心生懷疑，於是爆發了革命運動。美國人民對英國成文法的約束產生懷疑，因此起來反抗，最終獲得了自由和獨立。試看現代西方的很多學者，他們之所以能夠以一種日新月異的速度創立新學說，將人們引入文明領域，其要義就在於大膽反駁古人認為已經認定的學說，即使是對於社會上常見的不容懷疑的習慣也進行懷疑並深入研究。比如當今一般人都會覺得男子主外，女子治內，似乎是理所當然的事情，但是史都華·彌爾（StuartMill）的《婦女論》則宣導要將這一亙古不變的陋習打破。又比如英國經濟學家一直都提倡自由貿易，認同這種主張的人會覺得這是全世界通用的法則，然而美國經濟學者則主張進行貿易保護，並且創立了本國的經濟學說。總而言之，假如某種理論盛行，那麼必然會產生另外一種與之相對或相反的學說，眾說紛紜，不知

---

42 湯瑪斯·克拉克森（Thomas Clarkson，西元 1760－1846 年），英國的奴隸制廢除論者。

真假。相較而言，亞洲人民更容易輕信虛妄之說，收到巫蠱神佛的迷惑，一聽到所謂聖賢之言便隨聲附和，信仰萬世仍不敢逾越，與西人相比，其品行的好壞，意志的勇怯，實在不可相提並論。在眾說紛紜中尋求真理，有如逆水行舟，船隻遭受風浪打擊，忽而向右，忽而向左，雖然已經航行了幾十海里的路程，然而直線距離卻不過前進了三、五海里。航海偶爾還會遇到順風的時候，但在人事方面，卻注定不會一帆風順，如果要讓社會進步，讓人們獲得真理、了解真理，那麼就只能透過不同學說之間互相爭論來進行了。之所以會產生各式各樣的異說，其根本就是懷疑。因此我所講的：懷疑可以獲得真理，就是這個道理。

　　雖然說我們對於事物不可以輕信，但是如果確係事實，也不能輕易懷疑，就算是產生懷疑，也一定要善於辨認取捨，而學問的主旨就在於明辨此理。日本自解禁以來，人心趨向也忽然發生轉變，政治制度出現改革，貴族階層沒落，開始設立學校，創建報紙，鐵路、電信、工業、兵制等各方面的面貌都煥然一新，這都是由於對數千百年以來的舊習產生懷疑，試行改革，才獲得如此的成效。但是探究日本國人民在思想上之所以會對數千年來的舊習產生懷疑的根源，那麼可以說完全是因為海禁開放，在與西方各國有了來往之後，看到他們文明發展的情形，確實認為是先進的，然後努力效仿，這才有了今天的局面。所以懷疑傳統並不意味著懷

疑自己，只要用相信傳統的心態來相信新鮮事物就可以了，從前信心在東方，如今信心轉移到西方，如此而已。但是，相信與懷疑之間能否合適的掌握好尺度，是一件非常難以保證的事情。我本人孤陋寡聞，對於這個問題，不能夠詳細的展開並進行深入的探討，真是慚愧。但是如果考察時局以及世事變遷的大勢、體會人心的趨向，很明顯就能發現，現在的人不是流於輕信，就是懷疑過度，無法做到信疑適度。

東方與西方的人民在風俗習慣上各不相同，思想情感也有差距，各國相沿的習慣已歷經數千年、數百年，縱然明白利害關係，也不應該一下子強行改變，況且利弊得失還未徹底明瞭，如欲採用，更加再三進行考慮，歷經歲月，徹底了解之後，才可以決定取捨。但是看看日本最近的社會情況，無論是資質在中人之上的改革家，又或者是自詡文明開化的人士，開口便稱讚西方文明，真可以說是一呼百應。凡是知識、道德的教化，到政治、經濟，以及衣、食、住、行等細枝末節，沒有一樣不羨慕西方的，都是爭著效仿。甚至有些對於西方情況並不完全了解的人，也隨波逐流，喜新厭舊，輕信某些事物甚至於到了毫不懷疑的地步！就算是西方文明比日本強了好幾倍，它的文明也不見得是沒有任何瑕疵的，如果細數其缺點，恐怕也數不過來。我們既不應該認為西方的風俗全都是好的，也不能認為日本的習俗全都是不好的。比如有一年輕人敬仰某位學者，立志效仿他，心血來潮之

下，便置辦各式書本文具，日夜伏案苦讀，這自然是無可厚非的好事。但是因仿效太過，甚至熱衷於與人聊天至深夜、喜歡睡懶覺等陋習也學他，以致危害自身健康，這怎麼能說是聰明人的行為呢？這是因為該年輕人僅看到了學者博學的一面而未察覺其行為的好與壞，盲目效仿以至於惹禍上身。有個成語叫作「東施效顰」，就是說西施這樣的美人連皺眉都是美的，但有些人不管自身美醜也全力效仿，這種行為儘管實屬好笑，但是尚不至於引來極大斥責。如果由於自己所仰慕的學者有睡懶覺這種懶散的陋習，便也去效仿，豈不是更應該令人恥笑嗎？然而時至今日，日本社會上卻有許多自詡的開明人士與這個年輕人算得上半斤對八兩。不如將東西方的風俗習慣進行對比，再來看看這些所謂的開明人士做出的評論是否合理？比如西方人每日都會洗澡，日本人每個月也只不過洗一、兩次澡，於是開明人士就會說，文明人就喜歡洗澡，因為洗澡能夠保持皮膚清潔，是非常衛生的，不文明的日本人就不懂這個道理。又比如日本人會把尿壺放置在臥室裡，用來盛放小便，上完廁所之後也沒有洗手的習慣，然而西方人就算是在半夜，也會到廁所去小便，且事後必定會洗手。這些評論者又說，文明人都熱愛清潔，而不文明的人連什麼東西是汙穢的都不知道，這就像人們通常不會跟知識不發達的兒童去爭辯什麼是汙穢、什麼是清潔的道理是一樣的，等到他們真正進入了文明領域以後，最終還是會向西

方好的風俗學習。再比如西方人用紙來擤鼻涕，用過之後便將其丟棄，而日本人則多以布代紙，洗過之後還能再用，評論者在得知之後便突然靈機一現，將此種小事附會於經濟學方面的大道理，說什麼貧困國家的人民當然就知道節儉，倘若所有日本人都如西洋人那樣以紙拭鼻，那麼就會浪費國家的財產，因此以布代紙，洗過再用，可以說是因為國家貧困而必須採取的節約措施。這類人就算是見到日本婦女耳朵上戴著金耳環，喜歡束腰與講究衣飾搭配，也會說出一番大道理來，皺著眉頭講：現在的形勢真是太嚴峻了！愚昧的人民不明白道理，這樣做不僅違反自然天理，並且還會對身體造成危害，耳朵上戴著沉重的負擔，將婦女非常重要的腹部束得如同蜜蜂的細腰一樣，不僅會對妊娠造成妨礙，而且還會增加分娩的困難，小則禍事降臨一個家庭，大則會對全國人口的增加造成妨礙。又比如西方人的住宅從裡到外都很少上鎖，旅行時搬運行李需要雇工，但是儘管沒有上鎖，也無須擔心財物被盜竊；又比如請建築工人和木工承包建築工程，就算雙方不簽訂合約，也仍舊能夠按期完成，並且訴訟糾紛也極少發生。但是在日本，人們卻要把家裡的每個房間都關好，甚至連身旁的手提箱也要加鎖，即使這樣，也還有可能被盜；建築包工均須簽訂書面合約，一字一句都要爭辯，雖然記在紙上，但是仍舊有許多違約爭訟之事。日本人似乎是群盜雜居，根本無法與西方各文明國家自由、正直的風氣相

提並論，這些人覺得西方國家真的已經達到了路不拾遺、夜不閉戶的地步。再比如日本人直接吸捲菸，而西方人則使用菸嘴，他們便說日本人的器械技術十分欠缺，連菸嘴也不能發明。如果是日本人喜歡穿皮鞋，而西方人喜歡穿木屐，他們便會說日本人不了解腳趾的作用有多麼大。如果味噌也變成了從西方進口的，恐怕就不會被日本人如此忽視。豆腐如果能夠端到西方人的餐桌上，其身價肯定也會抬高，至於烤鰻魚串與蒸蛋，如果西方人將其稱為世界第一美味的話，自然也會獲得非常高的評價。其他與之類似的事情實在數不勝數。下面我們再進一步來探討一些意義更加重大的問題：

如果西方在 400 年多前也曾出現過親鸞上人[43]這樣的人物，而日本則出現了馬丁‧路德這樣的宗教改革家。親鸞上人對流行於西方的佛教進行改革，將淨土真宗推廣開來，而路德則在日本推廣新教，那麼評論者必定會評論道：宗教是以普渡眾生為宗旨，不應該屠殺人民，假如違反了這一宗旨，其餘的便一無是處了。誕生自西方的親鸞上人深刻體會到了這一宗旨，披荊斬棘，歷盡種種辛苦，用盡了畢生之力，最終使該國的宗教改革獲得成功，時至今日，該國人民有一大半都受到了他的感召和教化，其力量宏大如此。而在上人逝去之後，他的傳人在宗教傳播方面既不屠殺異教之人，也不被異教之人屠殺，真可謂是專門用德來感化世人。

---

43 親鸞（西元 1173－1262 年），日本淨土真宗的開山祖師。

再看看日本的，情況卻是截然相反，日本的馬丁·路德在出世之後，就反對羅馬舊教，而舊教徒並沒有輕易屈服，以致舊教新教呈現出虎狼相爭之勢，以致血流成河，馬丁·路德逝世之後，為了宗教，他們便開始殘害日本人民，將日本的財物揮霍一空，幾乎有滅國之禍，這是用文字語言所無法形容的。日本人變得野蠻、殺氣騰騰，一個原本以普渡眾生為宗旨的宗教卻釀成了民不聊生的局面；嘴裡說要對自己的敵人「兼愛」，卻殘殺無辜同類。直到今天，我們試問看其宗教改革的成果，可以說大多數日本人民並不能因此受到教化。宗教對東西方人民造成的後果差距如此明顯，以至於我們產生了很大的懷疑，卻一直未能找到其準確的原由。仔細思索，或許是這樣的原因：儘管日本的基督教和西方的佛教在性質上是一樣的，但是如果是在野蠻的國家，就會引發殘酷的殺戮，如果是在文明的國家，就自然而然能夠形成淳樸的風氣；或許是由於東方的耶穌教與致力於宗教改革的始祖個人品行有好壞之分。在此，由於我們見識淺薄，不敢妄下結論，所以只能留給後世博學多才之士來解決這個問題了。

但是，當世所謂的改革家，大都對日本舊習持嫌棄態度，而對西方事物則一味迷信，有時候難免表現出過於輕信輕疑，他們用自己對舊物的信心來信賴新事物，但是由於過於羨慕西方文明，以至於到了前面所說的東施效顰的地步，或者是連被欽慕對象的睡懶覺等陋習也照學不誤。甚至是在

沒有找到可信的新事物之前，便將原有的舊物全部丟棄，以至於全身上下一無所有，甚至喪失了安身立命的根本，甚至有人為之發狂，這難道不是一件非常可憐的事情嗎？（據醫學界流傳，最近日本患上精神類疾病以及因此而發狂的病人有很多。）本來羨慕西洋文明，擇其善者而從之是一個可行的辦法，但是如果總是這麼不加辨析的去輕信，那麼還不如不信。以西方國家富強昌盛的局面為例，這自然是值得欽慕的，但是西方人民貧富兩極分化的弊端如此明顯，是根本不值得學習的。又比如儘管日本的賦稅較為繁重，但是一想起英國人民同樣因為地主的摧殘而痛苦不堪，卻又覺得日本農民的生活情況還是令人欣慰的。再比如西方各國對於女性總是抱著非常尊重的態度，儘管這對全人類而言是一件進步的好事，但是如果對悍妻潑婦欺凌丈夫，不孝之女鄙視自己的父母，部分女子行為放蕩等情況，就絕對不值得讚揚。現在盛行於日本的各式各樣的事物，到底是不是都是好的呢？比如現在頒布的商業公司法是不是可行，政府的體制是不是合理，教育制度是不是完善？文學界的風氣是不是比以前有進步？對於學術進行研究的方法是不是已經達到了完美無缺的地步？仔細想想，真的是各種疑慮一齊湧上心頭，很多都要摸索前進。如今我們正處在紛亂混雜的局面之中，因此務必要將東方和西方的事物進行認真仔細的對比，該懷疑的去懷疑，該相信的就相信，取捨有道，才能有所得。就算這並不

是一件容易的事，但是我輩學者卻應當仁不讓，勇敢的承擔起這個職責，並以此自勉。我覺得空想不如實做，更要多讀各種書籍刊物，多接觸不同的事物，將眼界放開，心平氣和的去追求真理，然後自然就能夠明瞭什麼東西應該相信，什麼東西應該懷疑。昨天所信的東西，今天也許就值得懷疑；今天產生的懷疑，明天可能又會消釋，所有學者都應以此自勉。

第十六篇　論保持自身的獨立

最近社會上流傳「獨立不羈」這個詞語，然而人們對於這個詞的含義的理解卻又各不相同，所以必須要加以分辨。

獨立有兩種形式，即有形的與無形的，簡單來說：一種是物質上的獨立，一種是精神上的獨立。它們從字面上就能夠看出區別。所謂物質上的獨立，就是指世人各有各的財產，各自經營家業，不憑藉別人的幫助，就能夠將個人與家庭的生活維持得很好。總而言之，即無須在物質方面尋求外力相助。

這種有形的獨立很容易就能看得清，而且很容易就能明白，但說到無形的精神方面的獨立，則奧義無窮，範圍甚廣，看上去好像和獨立之義無緣的事情也具備這種含義。所以有很多人會對此產生誤解。現在就用一件小事舉例說明：

民間諺語說：「一杯是人吃酒，三杯是酒吃人」。意思是說人們如果過度飲酒的話，就會迷失自己的本性，並喪失獨立自主的能力。如今從世人的種種行為來看，可以讓本性受到迷惑的事物，不光有酒，還有許許多多其他的事物。比如有人認為這件衣服不大適合，就想另做一件外衣；然後又想再買一個菸盒來搭配這件衣服；衣服既已備齊，又嫌棄居宅狹小，起居不方便，於是便想方設法去蓋一棟新房；房屋

落成以後不請客的話，似乎又不大得體；吃了煎燒鰻魚還嫌味道不好，又要再吃一頓西餐；吃了西餐以後又覺得最好再購置一塊金錶。就這樣，心中的欲求無邊無際，永遠都沒有滿足的時候。就如同一家之中沒有主人，一身之中沒有主宰，這種人一味追求物質，被物質主宰，真可以說是物質的奴隸。

更為嚴重的是，儘管上面所說的那些人受到了物質的支配，但是因為那些物質尚且是他們自身所擁有的，只不過在個人與家庭的範圍受到了奴役。有些人卻是受到了別人的物品的奴役。比如有人看見別人身上穿著一套高級西裝，於是自己也想仿照做一套；看到鄰居家蓋了一棟兩層樓的房子，自己也要蓋一棟三層樓的房子；只要看到朋友們有什麼好東西，自己就也想購置同樣的東西；甚至將別人的創意當作為自己計劃的草案。又比如黑臉莽漢，手指粗大如繭，卻也非要戴金戒指，雖然明明知道不是特別適合，但是一想到這是西方的習俗，就改變了想法，不惜用自己所有的積蓄購置。又比如在炎熱的傍晚，其實非常想依照日本的習俗，在沐浴之後穿上浴衣，搖著一面團扇讓自己涼快一下，但是因為心裡只想著效仿西方人，不願意用扇子，因此只能忍耐炎熱的天氣，以至於讓自己汗如雨下。這種人一心只想效仿別人的喜好，還不足以斥責，最令人感到好笑的是將別人的喜好當成自己的喜好。比如看到鄰居的妻子身穿綢衣與佩戴金簪，

於是也沉不住氣的趕快去購置，後來經過了解，才知道鄰居妻子的衣服實際上是用棉布製作而成，佩戴的首飾也是鍍金的，而不是真金。所以支配自身本心的，既不是自己的事物，也不是他人的事物，而是被自己的妄想所誘惑，也可以說是被自己與家庭所有成員的妄想的支配，心中的自主意識完全喪失。這和我們所說精神的獨立是有非常大的差距的。這種差距可以透過不同的情形推測得知。

這種整天像是在做夢一樣的生活，不僅讓人身心疲憊不堪，並且就算一年能夠收入一千元，就算一個月有一百元的薪水，也都會全部花完。一旦遭遇不幸，家產收入來源完全中斷，或是薪水沒有著落，那就只能萎靡不振、愁眉苦臉，這時家中就僅剩下一些沒有任何用處的雜物，身上卻是沾染了奢華的陋習。與其說這種人是不幸的，不如說這種人是白痴和蠢貨。添置家產的目的原本是為自己和家庭的獨立生活建立物質的根基，沒想到身心已經處於極度疲憊的狀態，卻由於處理不當，從而成為了家產的奴隸，喪失了自己獨立的精神，這就是人們所說的本欲得之、反倒失之。我們並不是歌頌吝嗇守財之人，只不過是覺得用錢應當有正確的方法，期望人們可以成為金錢的主人而非成為金錢的奴隸，千萬不要讓獨立的精神受到損害。

論思想應當與行動保持一致

議論與實行雖然是完全不同的兩件事情，但必須要保持一致，這是一般人經常說的話，然而也僅僅是一種議論，真正能夠實行的畢竟是非常少的。所謂理論是指心有所思，發之於言，書之在冊。在沒有發表言論與著作之前，只能說這是一種想法或理想，以此所謂的議論也可以說是尚未與外界事物建立連結，只存在於自己的內心。但是實行則是指心思在外部展現出來，已經與外界事物建立了連結，並且採取了行動。因此實行必定會受到限制，被環境制約而且不可以隨意超越。古人在分辨這兩種事物的時候，通常會用言論和行為，或是志向和成績來形容，如今大多數人則將其簡稱為言、行。

所以人們常說的「言行齟齬」指的就是議論和實行沒有達成一致；孟子所說的「可使食功，不使食志」[44]，就是說應該依據實際的工作予以相對應的東西，然而其內心之所想，既屬於無形，就十分難以對其心事做出獎賞。人們經常講某人的嘴巴非常會說，言外之意就是說他是一個缺少行動之人，並且含有對此人的蔑視嘲諷之意。這便是斥責議論和實行不一致，也就是說議論與實行不能有絲毫的牴觸，而且應當相互平衡。現在為了便於讓初學的人明白，在此特別使

---

44 出自《孟子‧滕文公下》。

用思想和行動這兩個詞語，將二者相輔相成才能夠有益於世
的道理，與兩者失去平衡時所產生的弊端進行論述：

　　首先，人的行動有輕重大小的區別。演戲、求學是人類
的行動；耕地種田、拉人力車、駕駛輪船、提筆著文也是人
類的行動。凡是不願意作官而只想當學者，不願意拉車而
只想學習航海技術，不想當農夫而只想著書──這些想法
都是指人們辨別行動的輕重大小，將輕者、小者捨棄，選擇
從事重者、大者，這是人間美好的事物。他們之所以能夠辨
明，全都依靠人的思想與志願。只有具備了高尚的心志，才
可以變成高尚的人物，因此我說人們要有高尚心志，如果不
具備高尚的心志，那麼就一定不會有高尚的行動。

　　其次，人的行動無論是難還是易，都是有的功效比較
大，有的功效比較小。比如圍棋與象棋，下起來並沒有那麼
容易，對這些技藝的鑽研與天文、地理、器械、數學等學科
的學習並沒有什麼不同之處，但是其功效的大小卻是無法整
齊劃一的。凡是能夠分辨有用與無用，進而選擇從事有用工
作的人，就是思想清楚的人。因此，如果不先明確思想，人
的行動就會勞而無功。

　　再次，人的行動應當符合規律，一定要認清行動的場合
和時間。比如宣傳道德自然算得上一件美事，但是在歡宴時
突然議論起道德，就只能招人嘲諷。又比如書生的激烈討論

偶爾也十分有趣，但是在親戚兒女歡聚一堂的時候，聽到這樣激烈的討論，那麼可以說是非常不合時宜的。凡是可以分辨適當的場合和適當的時間，讓行動符合規律，那麼就屬於頭腦明白的人。假如盲目行動而頭腦不大明白，那麼就好比蒸汽缺乏調節機關，行船缺少舵手，不僅無益，反而有害。

最後，對於以上我所闡述的上述行動，假如是一個思想不夠嚴謹周密的人來做，勢必會產生弊端。這裡從相反的一面來說：縱使思想高尚遠大，但是假如沒有實際行動，那麼也是錯誤的。凡是眼高手低而缺少實際行動的人常常心懷不滿。這種人在觀察社會局勢或是尋找工作的時候，雖然看到有自己可以做的事情，但是不合乎心意，那麼也就不願意去做。他們想要實現自己的志向，但是卻不去採取實際行動，尤其是不能承擔重任的時候，就覺得罪不在己而在於他人，要麼說自己「時運不濟」，要麼說自己「命途多舛」。似乎天地間沒有一件事是值得做的，離群索居、獨處一室、內心憂鬱、口有怨言，面有怨色，似乎身邊的人都與自己敵對，天底下也沒有一個人關心他。這種心理狀態又像是並沒有把錢借給別人，但卻害怕人家不還錢的情形一樣。環視當今社會，儒家總是擔心沒有人了解自己，讀書人害怕沒有人會幫助自己，出仕之人總發愁沒有進身之階，商人總害怕生意做不好，士族在廢藩之後開始擔心沒有營生之路，從來沒有工作經驗的貴族擔心別人不再尊重自己，一天到晚憂心忡忡、

鬱鬱寡歡，總覺得當今社會上令人不滿意事情非常多。這種心情，在平時我們與人互動的時候，透過察言觀色就可以了解到不少資訊。在這個世界上，可以與之談笑風生，神態開朗，胸襟歡愉，溢於言表的人已經很少見了。我們經常看到人們的煩惱神色，但愉快的神色卻很少見，從其外表看來，似乎有什麼不幸的事情發生，需要別人來安慰，大有令人同情的姿態。我覺得如果這些人能夠腳踏實地，各自做好自己分內的工作，那麼應該可以獲得愉樂的空間，事業也會日漸發展，思想行動也應該能夠逐漸達到平衡一致。但是如果好高騖遠，行動遠遠沒有達到思想的高度，用一當十，得十求百，結果卻是求而不得，徒增憂愁。就如同祈求用石頭雕刻的地藏王菩薩真的能夠顯靈，中風的病人神經敏感度能夠增加一樣，其內心的不滿與不如意由此可以想像出來。

　　凡是志向過於高遠，而在實際行動方面又有所欠缺的人，早晚都會受到別人的嫌棄並陷於孤立的狀態。用自身的行動與他人的行動來對比，原本是應該感到慚愧的，但卻偏偏用自己的志向和理想去考評他人的行動，卻因此而對那人感到大為不滿，從而自然而然的產生一種輕視他人的想法。要知道，輕視他人的同時，也難免會被他人輕視。彼此抱怨、不滿，互相輕視，最終究難免會讓人視為怪物，受到全社會的輕蔑。試看當今社會情形，有的是由於狂妄自大而被人嫌惡，有的是由於好高騖遠而被人嫌惡，有的是由於求人

過多而被人嫌惡，有的是由於誣衊他人而被人嫌惡。這都是
由於對人的評判不恰當，也就是只用自身的志向作為評判的
標準，對比之下，依靠想像來衡量他人的行為，因此招致了
別人極大的嫌惡，結果導致自己陷入了孤立的境地。因此我
要奉勸那些後學青年，假如對別人的工作不滿意，最好先想
一想自己做起來會如何。比如看到他人經商笨拙，那麼就想
一想自己經商會如何。又比如覺得鄰居不善於持家，那麼就
想一想自己經營家計會如何。再比如想要批評他人的著作
時，那麼就想一想自己執筆來寫會如何。如果批判學者，批
判醫生，都要想一想如果自己當了學者、醫生會如何。總
之，不論事情大小，假如想批判他人的行為，首先應該設身
處地認真想一想。對於不同的工作，就更應該思考其行動的
難易和輕重。對於不相同的事情，也應該依照實際狀況，將
自己與他人的行動進行對比，這樣才不會出現偏差。

第十七篇　論人望

如果一個人的言行總是受到千百人的監察，還能被評價為「這人的確值得信賴，託付給他的事情，必定不會出錯，交代他來完成的任務，一定可以如期圓滿做完」，能夠評價某人的人品值得信賴，甚至成為受到全社會普遍期望的人，就可以稱其是有人望之人。

每一個人在社會上所建立並形成的人望，有的大，有的小，有的輕，有的重。假如不能夠獲取人們的信任，那麼就無法發揮出應有的作用。這裡先從小的方面講起。比如讓一個當學徒的孩子拿著一毛錢去購買指定的物品，那麼他就只擁有一毛錢的人望，換句話說，他是一個可以在一毛錢上獲得信任的人。假如交給一個人的錢從一毛變成了一元，又從一元變成了一千元、一萬元，甚至是可以掌握幾百萬元資金使用的銀行經理，或者是一府一省的執政官員 —— 他們不只是有權處置大批的錢財，還擔負著做出決策，讓人民獲利並過上富有生活的重任，那麼必須是人望極高之人，才能夠擔當這樣的大任。沒有獲取人們信任之人，就很難勝任這樣的工作。一個人無法獲取別人的信任，便會令人對他產生某種程度的質疑，一旦質疑出現，就將永無止境，結果設立監督，任命監察人員，由他們進行縝密的監視，但是這樣做反

而會對雙方的情感造成傷害。這樣的實例是非常多的。比如人們都信任三井、大丸[45]這些商店，認為它們的商品是真材實料、物優價廉，於是便盲目購買；又覺得馬琴[46]的書肯定非常有趣，因此往往只看了標題，就大量預定購買。所以三井、大丸的生意越來越興隆，馬琴的書越來越暢銷。在經商與寫作方面尚且這樣，獲取人望的重要性便可想而知了。

讓擁有百斤之力的人去扛百斤的重物，將價值千金的財物借給擁有千金財產的人，這是根據實力來做事，與無形的人望和信譽並沒有什麼關係。然而世上的人事，通常都不是這麼簡單的，有的人沒有百斤之力，卻可以撼動千斤之重；又有人儘管沒有千金的財富，卻可以使用數十萬元之鉅款。現在假如突然到某著名富商的帳房去追查他的出入帳目，或許可以發現收支相差至幾百幾千元之多，且這個數字可能遠遠超過了富商所有的財產。此時他的虧損多達幾百幾千，都不如一個一無所有的乞丐。然而社會中的人，並不會將他看成乞丐。這是由於這個商人還擁有人望，由此可見，人們在社會上的人望既不是由力量的大小決定的，也不是由金錢的多少來獲得的，而是憑藉他的聰慧才智以及別人對他的信任，日積月累而得來的。

---

45 三井、大丸：當時日本有名的百貨商店。

46 馬琴，即瀧澤馬琴（西元 1767－1848 年），日本德川末期的小說家。代表作：《南總里見八犬傳》、《椿說弓張月》、《三七全傳南柯夢》等。

　　所以，人望歸於智德領域，應該是可以確定的了。然而古往今來，社會上的事實，卻並不都是如此，而且有許多正好完全相反的例子。比如庸醫為了提升自己的名譽，而將其門面大肆裝飾；藥商為了推廣藥材而將金字招牌掛上；礦山主人在帳房裡裝上空無一物的金櫃；學者將長年不閱讀的原文書籍排列在書架上；還有的人坐在人力車上翻著報紙，而到家之後卻大睡懶覺；又有的人星期日在教堂裡禮拜禱告，第二天卻和妻子大肆爭辯。在紛繁複雜的社會中，真假難辨，善惡混淆，是非的確不易覺察。甚至於有些人表面上似乎深孚眾望，而實際上卻是無知無德、恬不知恥的人。所以具有遠大見識之人，屢屢視榮耀為浮世之虛名，不屑於去謀求，甚至避之唯恐不及，實在不是沒有道理的。其用心倒也是值得被稱讚的。

　　然而世間任何事物，假如都只從極端的角度來看，就難免會產生偏差。綜上所述，所謂有見識之人不求世間榮耀一事，好像大可稱讚。但是在判斷求和不求以前，首先必須要辨別所求榮耀的性質。如果所求真是極端的虛名，比如庸醫的門面與藥商的金字招牌，自然應該遠避。但是從另一方面來講，社會中人事萬端，也不一定全部屬於虛假，這是由於人們的智德，好似開花的樹，榮耀和人望好似花朵，栽樹並使其開花是必然的結果，又為何要遠避？如果不辨明榮耀的性質，一律不管不顧，那麼無異於毀花而隱樹了。隱樹就不

能夠將其功能發揮，就恰如死藏活物，是於事無補的。

　　由此我們可以知道，人們不但應該心存追求人望和榮耀的理想，而且還應該透過實際行動去努力爭取，要緊的只是獲得的手段和方法要正當、合適。用身心的活動去努力爭奪社會上的人望，猶如給人用斗量米一樣，量法高明者，或許一斗能夠量出一斗三合；不高明者或許只能量出九升七合。我們所說的正當、合適，就是不多不少，正正好好一斗。以斗量米的方法，儘管有巧拙之異，但是所產生的偏差，上下不過二、三分，如果用相同的方法來衡量才德的功效，其偏差必然不會止於三分。高明的或許多量出二、三倍，不高明的將會少量一半，此種不規則的衡量，對社會損害非常大，實屬可憎，這裡暫時擱置不論，只是單純針對從嚴格衡量才德的實際功效的人提出一點建議。

　　孔子說：「君子不患人之不己知，患不知人也。」[47] 這是孔子為了矯正當時社會的弊端所發出的感慨，不料後世那些沒有志氣的腐儒竟然機械的理解這句話並且死記於心中，不知道靈活應用，結果致使社會弊病日益增多，最終一個個變成了無言無情的怪人和不懂憂樂的木偶，而世人反而將其尊為高尚溫婉的君子，豈不是天下之奇談？如果我們如今想要將惡習改正，從而進入開朗生動的境地，多接觸各式各樣的

---

47 出自《論語・學而》。

事物，廣泛從事交遊活動，知己知彼，並盡可能的將自己的才能發揮出來，為自身、為社會、為人類造福，那麼就必須要具備以下的條件：

首先，一定要學習語言。文字原本是記事達意的一種工具，尤其對於著述通訊而言就顯得更為重要。但是如果要與人互動並直接表達自己的想法，就必須使用語言不可，因此言詞一定要流利雋永。近來社會上會有許多演說，我們能夠聽到有益的事情，實屬有利，如果語言通俗流利，那麼演說者與聽眾彼此都會感到非常方便；但是如果詞不達意，詞彙匱乏，聽眾就會感覺聽不慣。比如老師在課堂授課，看到從外文翻譯的講義中有「圓的水晶球」這個詞語，老師本人覺得意甚顯明，沒有必要多加解釋，只是非常嚴肅的望著學生，頻頻的說出「圓的水晶球」，然而學生仍然不甚理解。假如是詞彙豐富且善於辭令的老師，就會這樣來解釋說明：圓是表面沒有稜角的，就像我們經常吃的丸子一樣；水晶是從礦山中挖掘出來的，猶如玻璃一樣是透明的，甲州[48] 等地就出產很多水晶。使用這樣的水晶加工打磨而成的圓球，就叫做「圓的水晶球」。如此說明，即使是婦人孺子，也可以充分了解。不能夠流暢的應用語言，是不願意探究演說技術所導致的過錯。有一些學生講「日本語十分不便利，不可以寫文章與發表演說，因此，可以講英語，使用英文」，這真

---

48 甲州即甲斐，首府稱甲府，屬山梨縣。

是沒有任何價值的混帳話。或許這個學生是出生於日本，但還沒有充分掌握日本語的人。隨著本國事物的發展，一國的語言也會隨之逐漸豐富起來的，所以國人絕對沒有無法流暢應用的道理。其他暫且不論，如今的日本人，一定要努力掌握現代日本語言，從而提高言談的水準。

其次，神色一定要隨和明快，不要讓人望而生厭。曲意逢迎，花言巧語、阿諛諂媚，自然屬於可鄙，然而終日愁顏不展，如坐愁城，悲痛欲絕的人也同樣令人生厭。一定要清楚：神色的活潑輕快，是一個人品德高尚的條件之一。在處世待物上尤為重要。人們的容顏，猶如家宅的門戶，要廣交好客，起初要將門戶打開，灑掃門庭，讓人願意前來。然而現在有些人在與人互動的時候，不僅沒有和藹可親，反而效仿偽君子的樣子，態度枯澀，這就相當於將骷髏掛在自家房檐下面，將棺材擺在自家門口一樣，如此的話，又有誰會過來和你友好接近呢？現在世界上都稱頌法國是文明的泉源與傳播知識的中心，這是由於法國人民舉止活潑愉快，言語平和、神色和悅，並且已經形成了風氣的原因。

可能有的人會這樣講，「言語神色都是人的天性，不可以強求，即使要談論也談論不下去，純粹屬於勞而無功」。這句話似乎是正確的，但是如果從人的智力發育角度來說，即可以清楚這樣的看法是不恰當的。大凡人的想法活動，只要進行思索就不可能停止不前，這和人只要活動自己的四肢

就能夠產生強健筋骨的作用沒什麼不同。言語容貌既然是人們內心與外在的表現，如果常常放置而不去使用，又怎麼能夠慢慢發展成為上乘品質的人物？然而自古以來日本國內的習慣，對於如此重要的身心活動向來不注意，這是十分錯誤的。因此我們期望今後，即使不一定將言語神色說成是一種學問，但是也應當將這項身心活動作為品德的條件之一，不可等閒視之，而是必須要時常加以注意。

又有人講，和藹可親的神色是用來修飾外表的，假如將修飾外表作為人和人交際的要道，那麼就不可以僅僅限於容顏臉色，比如他的衣服飲食也應當加以講究；如果用與身分不相符合的飲食去招待意氣不相投的人，那麼就會出現用虛偽的態度待人接物的問題。這句話說得好像也有道理，只不過虛偽是交際的弊端，到底不是交際的本質。事物的弊端大多和它本質正好相反，所謂「過猶不及」，就是對弊端與其本質相反的精準概括。比如吃東西的目的原本在於使身體獲得營養，但是吃得過多反而對身體有害，營養是吃東西的實質，吃得太多則為弊端。這就能夠說明弊端與本質相反。總之和人互動一定要出自和睦真誠。假如流於虛偽，那麼就不是交際的本質，反而成為交際的弊端了。

大凡世間親密關係，莫過於父子夫婦，我們將其稱為天下的至親。然而保持這種至親關係的力量，除真誠和睦之外別無他物。因此一定要把表面的虛偽清除乾淨。虛偽清除乾

淨之後才可以看到至親的所在。要讓社會交際的關係和睦，
也重在真誠，是不可能與虛偽相容的。當然，我們現在並沒
有期望普通人之間都可以建立和父子夫婦一樣的密切關係，
不過是將人們應該遵循的方向指出來罷了。現在一般對人的
通常評語，比如某人痛快，某人焦躁，某人太不謙虛，某人
淡泊，某人很有男子氣概，某人雖然言多但是不失為好人，
某人雖然好鬧但不是壞人，某人雖然沉默寡言但是甚為親
切，或某人雖然外貌恐怖但是個有口無心之人等等，這些
正好都能夠說明家人之間的關係，真可以算得上是真誠和
睦了。

　　最後一個問題，世人經常錯誤的理解「道不同不相為
謀」這句話，認為學者就是學者，醫生就是醫生，只要職業
不相同就互不來往，雖然有同窗的情誼，可是一旦離開校園
之後，有的成為商人，有的成為官員，便產生了千里隔閡，
如同春秋時期的吳、越兩國，或是相忘於江湖，老死不相往
來。事實上，人們結交朋友，不僅不應該將舊友疏遠，反而
還要兼求新交。這是由於如果人們不互相來往接觸，即不能
夠相互通氣的話，也就不能了解對方的為人。試想世間的君
子，只是相逢於陌路，又怎能變成一生的知己？與十人往
來，或許無意可得一知己，但與二十人往來，則不一定能夠
得到兩位知己。人們要想雙方相互認識，都必須從交際開始
不可。人望和榮譽可以暫且不論，環視現在社會上通常所謂

的知音摯友，多數都是為了雙方眼前的利益。早年同船渡河之人，今日恰巧在銀座[49]的街頭相遇，或許可以互相為對方提供便利；今年經常來我家送菜的菜販，明年可能會在遙遠的旅途中相遇，需要靠他幫忙來照顧我的病體。人類雖多，究竟不是牛鬼蛇神，更不是傷害我的惡敵，實在應該無所顧忌的真誠相見，大方對待。因此廣泛交遊之道，取決於盡可能多的開動腦筋，在多才多藝、全面而無偏私的原則下進行。或用學問接近，或透過買賣往來，或成為書畫知己，或成為下棋的對手，只要不是輕浮冶遊的壞事，結交朋友的機會和方法就有很多。哪怕是缺乏才藝之人，也能夠與他們一起喝茶吃飯來成為朋友。再等而下之，和身強力壯之人掰腕角力，玩木枕遊戲[50]，也能夠盡歡助興，有助於交際。縱使掰腕和學問是「道不同不相為謀」，然而以世界土地之廣闊，人類往來之繁多，又怎能與井底之蛙同日而語。生而為人，卻不願與人為伍，難道不是一件很奇怪的事嗎？

---

49 銀座：日本東京的一條繁華街道。
50 兩個人分別用各自的手指頭抓住一個木枕的兩端，互相爭奪木枕的遊戲。

附：
《文明論概略》部分章節

確定議論的標準

　　輕與重、長與短、是與非、善與惡……全部都是由意思相對的字所組成的。沒有輕，就沒有重，沒有善，就沒有惡。所以，人們所謂的輕就是比重的東西要輕，所謂的善就是比惡的東西要好，假如沒有相互比較，那麼就無須討論是與非、善與惡等問題了。透過如此相互比較後所確定的是非善惡，就被稱為談論的標準。日本俗語中有「腹重於背」與「捨小濟大」的說法。意思就是：在對人的身體進行評判時，認為腹部比背部重要，所以寧可讓背部受傷，也要把腹部的安全保護好；又比如對待動物的時候，仙鶴既比泥鰍大，又比泥鰍貴，是以不妨使用泥鰍去餵養仙鶴。日本把封建時代不勞而獲的諸侯藩臣制度廢掉，更改為如今這樣，從表面上好像是將有產者打倒並讓其陷入困境，但是假如用日本國家與各藩來進行比較的話，自然是日本以國家為重以各藩為輕。廢藩就好比是為了顧全腹部從而將背部犧牲掉一樣，而諸侯藩臣的俸祿被剝奪就好比是殺鰍養鶴一樣。研究事物，一定要把其枝節去掉，追根溯源以求其基本標準。如此，就可以逐步克服各種紛繁複雜的因素，從而樹立正確的標準。自從萬有引力定律被牛頓發現，並且確立了萬物守恆定律以來，在說明世界萬物的運動之理的時候，沒有不以將這一學

說當作根據的。定律也可叫作理論的標準。假如在探究運動道理的時候沒有這一定律，就只能各執一詞、莫衷一是了。或者還可能有人會根據船的運動創立一套和船相關的理論定律，也可能根據車的運動又創立一套和車相關的理論標準，如此只能讓理論變得更加的紛繁複雜，然而並不能獲得基本的統一，不能夠統一也就談不上什麼正確。

　　如果不能夠明確議論的標準，那麼就不能夠推斷利害得失。比如城堡，固然是對守衛者有利而對攻擊者有害，敵方之得即是我方之失，往者的方便便是來者的阻礙。因此在探論利害得失以前，首先一定要明確一個立場，是作為守衛者，還是作為攻擊者？是作為敵方，還是作為己方？無論作為哪一方都一定要明確自己的基本立場。古往今來，議論紛紜莫衷一是，最根本的原因就是因為最開始的時候未建立共同標準，而到了後來又強求意見一致所導致的。比如神佛之說，就經常出現不一致的地方。雙方的觀點聽起來好像各自都非常有道理，但假如深究其根源的話，神道說的是這一世的吉凶，而佛法說的是下一世的禍福，由於議論標準不相同，這兩種理論也就不可能一致。漢學家與皇學家之間也存在著爭論，他們的爭論儘管紛繁複雜，但是其根本的區別在於：漢學家贊同湯武革命，而皇學家則贊成萬世一系；因此讓漢學家感到為難的也僅僅就是這一個問題。對於事物，假如本末倒置的爭辯下去，那麼神、儒、佛三者的不同觀點，

就永遠不可能一致，好比在武備上執著於爭辯弓箭刀槍的好壞一樣。所以，要想避免如此無趣的爭辯並達到協調統一的話，就只有一種辦法，那就是用一種比它們更加高明、更加新穎的主張，讓他們自行去判定好壞與否。比如弓箭刀槍的爭辯儘管曾鼎沸一時，但是自從使用洋槍以來，社會上就再也沒有討論弓箭刀槍的人了。（假如僅僅聽雙方各執一詞：神官[51]就會講，神道中也有葬祭的方法，所以說的也是將來；僧人會講，法華宗等也存在加持祈禱等儀式，因此佛法也可以干預現世吉凶。如此，這種議論就會重新變得糾纏不清。這絕對是因為神、佛兩教相互之間混淆已久，僧人想要模仿神官，神官想要干涉僧人的職分所造成的。）

再看堅持不同議論標準的人，他們宣導的東西在細枝末節上似乎有相同之處，但是只要追溯其根由，通常在中間就會發現差異，從而導致結論也不一樣。因此，在人們論及事物的利害關係時，最初聽起來，覺得某一事物是利是害的觀點，似乎並沒有什麼不同，但是如果進一步追問其所以然，是什麼原因導致認為有利或有害時，會發現他們的看法在說到一半的時候就產生了差異，那麼其最終結論也就不能夠獲得統一。比如，頑固分子對西方人心存厭惡，而在稍有見識的學者之中，也有很多人對西方人的言行舉止感到不滿，兩

---

51 神官，日本對本國神話人物、天皇祖先以及對國家有貢獻的人，都尊奉為神，並為他們建立神社，負責神社祭祀的人被稱為神官。

者在厭惡西方人的心情上可以說是相同的。但一談到厭惡的原因時，頑固分子和學者便會產生分歧，前者覺得西方人是異種，就不問是非利害，僅僅是一味的厭惡；而後者則見多識廣，並不只是簡單的厭惡，而是思考西方人與日本人在相互來往時所發生過的惡劣情況，因而憎惡那些自稱為文明人的西方人對日本人的不公平待遇。儘管兩者厭惡西洋人的心情相同，但是厭惡的理由卻各不相同，因此在看待西方人的方式上也就不可能統一。攘夷論者和「開國論者」[52] 在細節上的看法相同，然而中途分歧與根本出發點不相同的緣故就在於此。人們對所有事物，甚至於遊嬉宴樂，通常在表面上都是一樣的，而其愛好卻各不相同。因此，不應該只是從表面上觀察一時的行為，從而一下就認定這個人的思想。

此外還有另外一種情況，在探討事物利害得失的關係時，雙方都走向了極端，從談論的最初雙方就產生明顯的分歧，從而不能夠相互統一。比如，只要一聽到有人議論公民權利平等的新學說時，守舊者馬上就覺得這是共和政治論，因而提出：假如在我們日本提倡共和政治論，那麼，我們的國體要怎麼辦，甚至還認為這會招來不可預測的大禍，並且會為其終日惶恐不安，猶如國家將要陷於無君無政的大亂之中一樣。這種人從一開始討論就考慮到了遙遠的將來，既不

---

52 開國論者，即日本當時主張與外國進行交流往來的人，他們反對閉關
　政策。

附：《文明論概略》部分章節

會去探究權利平等是何物，也不去探索其目的之所在，僅僅是一味的反對而已。革新論者則在最初就將守舊者作為敵人，毫無理由的排斥舊說，形成了敵對之勢，所以見解無法趨於統一。這是因為彼此各走極端，因此才形成了無法調和的形勢。舉一個淺顯的比喻，有好酒與不好酒的[53]兩個人，好酒的人不喜歡吃年糕，不好酒的人也不喜歡喝酒。他們各自談論年糕與酒的害處，主張廢除自己所討厭的東西。不好酒的人反駁好酒的人說：「假如年糕有害，那麼是否可以打破日本幾百年以來的習慣，在元旦那天只吃茶泡飯，全國所有的年糕鋪都禁止營業，日本也不再播種糯米了呢？這肯定是行不通的。」好酒的人也駁斥說：「假如說酒有害，那麼，是否可以從明天開始就關閉全國所有的酒館，嚴懲那些酗酒的人，再用甜米酒替換藥用酒精，並且舉行婚禮的時候用水杯[54]來代替飲酒呢？這顯然也是行不通的。」如此各執一詞，雙方勢必會產生衝突，從而導致不能相互趨近，因此終究會讓人與人之間產生糾紛，從而對社會造成大的危害。古今各國這樣的例子比比皆是。這種糾紛假如在讀書人之間發生，就將引起舌戰、筆爭，透過著書立說的方法辯論不止。假如是不學無術的文盲，他們不能夠以舌、筆為武器，便會訴諸

---

53 不好酒的，此處日語原文為「下戶」，下戶指不能喝酒的人，他們通常喜歡吃年糕等甜食。

54 水杯，日本一種民間習俗，如果兩人處在生離死別等情況時，就會用水來代替酒，雙方舉杯互飲。

筋脊之力，而且非常有可能做出暗殺的勾當。

　　再看社會上雙方爭論辯論時，通常僅僅是相互之間極力攻擊彼此的缺點，並且不願意露出各自的真面目。所謂的缺點，就是指與事物好的或者是有利的一面正好相對的 ── 壞的或者是不利的一面。例如，鄉村的農民，儘管耿直，但同時又很頑劣；城市的居民，儘管聰穎，但同時又輕浮。耿直與聰穎儘管都是人的美德，然而也通常附帶著頑劣與輕浮這種不好的方面。農民與市民之間的爭辯由此產生：農民視市民為輕浮；市民罵農民為頑劣。這種針鋒相對的情況，猶如各把一隻眼睛閉上，不去看對方的優點，僅去看對方的缺點。假如可以讓他們把雙眼睜開，用其中一隻眼睛觀察對方的長處，再用另外一隻眼睛觀察對方的短處的話，那麼就可以長短相抵，彼此的爭辯也就能夠得以解決。或者發現對方的短處完全被其長處所遮掩，那麼不只能夠避免爭辯，而且可以使雙方變得友好，相互獲益。社會上的學者也是這樣。比如現在日本議論界也分為保守與改革兩個派系。改革派精明且積極進取，保守派穩重而因循守舊。陷於頑固是守舊者的缺點，而流於輕率則是進取者的弊端。然而，穩重不一定全部陷於頑固，精明也不一定全部流於輕率。試看世上的人們，有能喝酒且不醉的，有能吃年糕且不傷胃的，可見酒與年糕不一定是醉人也傷胃的原由。是否醉酒或者傷胃，僅在於是否可以節制。既然這樣，保守派就沒有必要厭惡改革

派，改革派也沒有必要輕視保守派。假設這裡有四種人：甲
穩重，乙頑固，丙精明，丁輕率；假如甲遇到丁，乙遇到
丙，那麼必定會相互敵對且互相看不上；但是如果甲遇到
丙，那麼將會志同道合而且十分相親。假如彼此在情感上可
以和睦，那麼彼此就能夠展現出真實面目，從而就能夠逐步
去除彼此敵對的情緒。在以前的封建時代，諸侯的家臣，有
住在江戶藩邸與住在諸侯封地這兩種[55]，兩者之間在言論上
經常產生分歧，雖然同屬藩臣，但是儼然就像仇敵，這也是
無法展現人的真實面目的一個例子。隨著人類知識的進步，
這些缺點固然能夠自然慢慢去除，然而最有效的方法，莫過
於人和人之間的接觸。這種接觸可以是商業交易或學術研
究，也可以是交遊宴飲，甚至可以是公務往來、訴訟爭鬥等
方式，但凡有利於人和人的相互接觸，或是有機會將心中所
想用實際行動或言語表現出來，都可以使彼此之間情感和
睦，這就是所謂把雙眼睜開，去看對方的長處。有識之士之
所以十分重視人民議會、社團演講、交通便利、出版自由
等，就是由於它能夠幫助人民去互相接觸。

　　一切與事物有關的爭論都會反映出人們的意見，這當然
也是無法完全統一。見識高的，爭論就會高；見識淺陋的，

---

55 德川幕府時期，為了便於對日本全國進行統治，同時也防止分封在各地的
　諸侯叛亂，從德川家康開始，制定了參觀制度，即全國各地諸侯每隔三年
　就會到幕府所在地江戶（即今天的東京）居住一段時間，因此諸侯會在江
　戶修建藩邸來居住，其他時間則在自己的封地居住。

爭論就會淺陋。見識淺陋的人，還沒達到爭論的出發點就想反駁對方的觀點，這就會造成兩種觀點南轅北轍的現象。比如，在討論與外國來往的利害關係時，甲主張打開國門，乙同樣也主張打開國門，乍看上去甲乙的看法好像一致，但是隨著甲的理論逐步深入發展，乙就會逐步覺得不能夠接受，因此彼此就會產生爭執。這是由於像乙這類人，即所謂社會上的普通人，僅僅能夠提出普通的論調，其觀點亦極其淺陋，不能夠明確爭論的根本出發點，驟然聽到了高深的言論，反而會迷失了方向。社會上這種事例觸目皆是。這就好比胃病患者去吸收營養一樣，不僅不能夠消化，反而還加重了病情。乍看起來，高深的爭論對於社會而言好像是有害而無益的，實際不然，假如沒有高深的爭論，就不能夠指引後進者達到高深的地步。假如怕胃弱而把營養廢除，那麼只會導致患者的死亡。由於這種認知的錯誤，古今各國，不知到底發生了多少悲劇。無論在什麼樣的國家，什麼樣的時代，社會上分別處於下愚、上智兩種狀態的人都非常少，大多數的人都是介於智愚之間，隨波逐流，碌碌無為，人云亦云以終其一生的。這類人就叫作普通人。所謂輿論就是從他們之中產生的。這類人僅僅可以反映當時的狀況，他們既不能夠回顧過去且有所駁斥，也不能夠對將來抱有遠見，似乎永遠停滯不前一樣。然而，現在竟然有人因為這類人在社會中占大多數，就說眾口難調，因此便根據他們的觀點，將社會上

的爭論劃成了一條線。假如有人略微超出這條線，那麼就會被認為是異端邪說。必須將它打回這條線以內，讓社會上的爭論變得一致，這到底是什麼用意呢？如果真的如此，那些智者對國家還可以產生怎樣的作用呢？將要憑藉誰來預見將來並為文明開闢道路呢？這難免太沒頭腦了。從古至今所有文明的進步，最初沒有一個人不是從所謂的異端邪說開始的。亞當·史密斯當初講解經濟學時，世人不是也曾經將其視為異端邪說，並不斷反駁嗎？伽利略提出地球運動學說的時候，不是也被稱作異端邪說，並因此獲罪的嗎？異端邪說的爭辯日復一日、年復一年的持續下去，社會上一般群眾又似乎是受到了智者的督促，悄無聲息的接受了他們的看法，到了如今這樣的文明時代，即使是小學生也不會覺得經濟學與地動說有任何的奇怪之處。不僅不感覺奇怪，而且如果有人懷疑這些定律，那麼就會被當成愚人且為人所不齒。再舉一個最近的例子，僅是在十年之前，三百諸侯曾經分別設立政府，並確定了君臣上下的名分，掌握著生殺與奪的大權，其政權之鞏固，大有可以傳之子孫萬代之勢。但是轉眼之間便分崩離析，最後成為了當今這種局面。時至今日，社會上自然沒有人覺得這是什麼奇怪的事情，然而，如果是在十年之前，藩臣中有人主張廢藩置縣，藩府該如何對待他呢？不誇張的說，他將馬上遭到迫害。因此說，曾經所謂的異端邪說已變成如今的通論，昨日的怪論已成為如今的常談。那

麼，今時的異端邪說，必將變成日後的通論常談。學者沒必要顧忌輿論的喧囂與被指責為異端邪說，盡可鼓足勇氣直抒己見。也許別人的觀點與自己的看法有所不同，但是應該認真鑽研其理論，能夠採納的就採納，不能夠採納的就暫時擱置一邊，以待彼此觀點趨於統一的一天，這也就是議論標準統一的那一天。千萬不要試圖將別人的觀點硬拉到自己的觀點範圍之內進而平息社會上的爭論。

　　根據以上情況，在對某件事物的利害得失進行分析時，一定要先探究利害得失之間的關係，明白其是非輕重。論說利害得失比較簡單，而辨認輕重是非卻是非常困難的。不應該根據一己的利害來判斷天下事的是非，也不應該由於眼前的利害而耽擱長遠的大計。一定要博聞古今的學說，廣泛清楚世界大事，心平氣和的認清真理，排除千難萬險，打破輿論的約束，站在超然的位置回顧以往，放大眼光展望未來。我自然不想明確議論的標準，闡明達到這個標準的辦法，讓每一個人都認同我的觀點，然而我願意向國人提出一個問題：在當今這個時代，究竟是應當前進，還是應當後退呢？是進而追求文明，亦或是退而回到野蠻呢？問題僅在「進退」二字之上。假如國人有前進的願望，那麼我的議論可能會有可取之處，至於談論實際怎樣實行的辦法，則不是本書的目的，這一點唯有留待大家探究。

論一國人民的智德

前面我曾經說過，文明是人類智德不斷進步的結果。那麼，假如現在有一個智德雙全的人，是否可以將他稱為文明人呢？當然是可以的。不過，他所生活的國家是否也可以被稱為文明國家呢？那就不好說了。文明無法從個人的角度來下定論，而應該從國家的整體情況去考察。如今雖然將西方各國稱為文明國家，將亞洲各國稱為半開化國家，但如果只透過兩、三個人來進行評論的話，那麼在西方也有人是守舊和愚鈍的，在亞洲也不是沒有智德兼備的英雄俊傑之士。但是，之所以說西方已經進入文明社會，而亞洲仍然處於半開化狀態，就是由於在西方，愚蠢的人不能展現他的愚蠢，亞洲的英雄俊傑之士也沒有發揮其智德的用武之地。為什麼不能展現和發揮呢？這並不是因為個人的智愚，而是因為整個國家的風氣使然。因此，要想了解一個國家的文明，就一定先去考察該國家的風氣如何。同時，這種風氣，也是整個國家的人民的智德的反映。這種反映，既有進和退，也有增和減，一進一退，一增一減，變化無常，正好像整個國家的機能的動力一樣。因此一旦發現這種風氣的所在，那麼全國所有的事物無不了然；至於考察與分析其中的利弊得失，則比反掌觀紋還要簡單。

如此，這種風氣，就並非一個人的風氣，而是全國的風氣，因此如果從一件事情上進行考察的話，就無法見到、聽到，就算是有所見、有所聞，也肯定會參差不齊，依然無法用來評判斷事情的真相如何。比如，要對一個國家的山澤進行測量，必定要對分布在全國的山澤面積進行測量，得出總和，之後才能將其稱為山國，或是將其稱為澤國，不能由於這個國家只有很少的大山大澤，便將其稱為山國或是澤國。因此，假如要考察全國人民的風氣，進而再對其智德情況進行探討的話，就一定要針對這個國家表現在社會上的所有活動情況展開研究。這樣的智德，或是也無須將其稱為人的智德，而將其稱為國家的智德。之所以這樣說，是因為這是針對全體國民的智德的總量來說的。既然已經知道了它的總量，那麼也便不難掌握它的進退增減情況，也不難明確它的前進與發展方向。智德的發展，就像大風與河流一樣。大風自北往南吹，河水自西往東流，假如從高處遠眺，其速度的緩急和與前進的方向，一眼就可以看明白。但如果退到室內，就如同無風一樣；站在堤邊看，水似乎像不流動一樣，倘若遇到什麼障礙物，水流便會完全改變前進的方向，甚至成為逆流。可是這樣的逆流是由於遇到了障礙物才形成的，那麼，如果只是對局部的逆流進行觀察的，是很難判斷河流前進的方向的。因此，要想對事物進行準確的觀察，站位就必須要高，視野必須要廣。比如，經濟論中有一種觀點認

為：「致富的根基在於三個條件：誠信、勤奮和節儉。」如今倘若將西方商人和日本商人的經營活動情況進行對比的話，那麼日本商人不一定就是不誠實的，也不一定就是懶惰的，至於節儉樸素的習慣，西方商人就更是比不上了。但是，從國家層面在商業上的貧富情況來比較的話，日本卻是遠遠比不上西方各國的。

　　一個人的思想，應該說具有變化無常，早晚不同的特點。今天的君子明天或許就會變成一個小人，今年的敵人到了明年或許就變成了朋友。變化越來越令人感到奇怪，似乎是幻象，似乎又是魔法，人們在感到不可思議的同時，也無法進行揣測。所以古人說「他人之心不可忖度」，的確是一句良言。即使是父子和夫妻之間，也不可互相揣測對方內心的變化和想法。不僅父子、夫妻，就算是自己也無法控制自己思想和內心的變化。所以才有了「今天的我不是昨天的我」這種說法。類似的情形正像晴天和雨天的無法預知一樣。比如在日本的古代，有個人名叫木下藤吉，他偷了主人的六兩黃金之後畏罪潛逃，以這六兩黃金作為資金，藤吉成為了織田信長的部下，日後他的地位慢慢變得尊貴，由於欽慕丹羽柴田的為人，於是他又改名為羽柴秀吉，成為織田信長手下的一名隊長。日後他又遭遇了數不清的變故，時而失敗時而成功，但他審時度勢、隨機應變，最終讓日本全國都得到了統一，並且以豐臣太閤的名義，掌控了整個國家的政

權。直到今天，人們一提起他，無不對他的豐功偉績進行稱
讚的。可是，在藤吉盜取那六兩黃金之後潛逃的途中，他又
怎會產生統一日本全國的遠大理想呢？更何況他在成為織田
的手下以後，也只是由於欽慕丹羽柴田的為人，而改了自己
的名字。由此可見，當時他的志向是多麼的渺小。因此，從
他盜竊主人黃金這個盜賊的身分來說，沒有遭到逮捕已經是
非常幸運的事了。而他後來又做了織田信長手下的隊長，這
對木下藤吉這個人而言，已經是天大的喜事了。再後來，經
過數年的浮沉成敗，他最終成為了統一日本全國的那個人，
這對於已經改名為羽柴秀吉的他來說，仍然屬於一種非常意
外和欣喜的幸事。如今他已經貴為太閣，倘若回顧以前偷竊
六兩黃金的事情，以及他的平生功業，其中沒有一件不是在
偶然的情況下才獲得成功的，這必定會令人產生一種如夢幻
泡影的心境。後來，學者們在對豐臣太閣進行評論時，總是
會引用他當了太閣之後的言語和行動，以此來對他的一生進
行論證，因此很容易令人產生很大的誤解。藤吉也好，羽柴
也好，豐臣太閣也罷，這些都只是他人生中的某個階段罷
了。在做藤吉的時候，他的思想就是藤吉的；在做羽柴的時
候，他就會有羽柴的思想，等到他當了太閣，自然又會產生
太閣的想法。從他的思想動態來看，可以分成早、中、晚三
個節點，每個節點都不盡相同。倘若詳細進行分析的話，他
一輩子的思想動態可以被分成成千上萬個節點，這同樣也是

變化無窮的。古往今來的學者不明白這個道理，每次對人物進行評論時，總是眾口一詞，說某人自幼胸懷大志，某人在三歲的時候便說出令人感到驚奇的話語，某人在五歲的時候便做出令人感到驚奇的舉動。甚至有人還會記述其人出生時的吉兆，或是將夢兆當作為某個人言行紀錄的一部分。這的確是太糊塗了。（即使在所謂的正史中，也有不少這樣的記載：豐臣太閣的母親夢到太陽進入懷抱而有孕；後醍醐帝由於夢見楠木而得到了楠氏。以上這些虛妄荒誕的說法，簡直是多得數不勝數。學者終日宣揚這種怪論，不但可以說是欺人，而且就連他本人也深信不疑，真的是太可憐了！這就屬於沒有原則的羨慕古代，盲目的崇拜古人，因此就算是在古人死了以後，在追述他生前的功業時，也會故意將其說成異象，進而捏造一整套牽強附會的言辭，來讓後人產生聳人聽聞的感覺，這跟占卜賣卦者的妄談有什麼區別呢。）人是因為天賦與所受教育的不同，才在志向方面自然而然的產生了高下之分，志向高遠的想去做高尚的事情，志向低的只希望做一些低微的事情。每個人大致都有一定志向，這一點幾乎是肯定的。可是，我們在這裡要談論的話題是，有大志的人不一定能夠成大業，成大業者也不見得在童年時代就可以預見自己以後的成功。即使是大致上定好了自己的志向，可是他的理想與事業幾乎都是隨著時間的變化而隨時發生進退的變化的，而且永遠都沒有窮盡。當然，由於偶然得到了時

機，也有人得以完成大業。希望學者不要對此產生誤解。

　　從上述論斷來看，是不是可以這樣認為，一個人在思想上的變化是無法透過肉眼進行觀察的。那麼，是不是也可以這樣說，人的思想活動完全是隨機的，不存在任何的規律呢？這當然是不對的。對文明進行深入研究的學者，自然掌握了如何觀察這一變化的方法。假如按照這個方法去探尋，不僅能夠知道思想的變化的確存在著一定的規律，而且這種規律是極為明確的，就如同看一個物體是方是圓那麼簡單，就如同朗讀刻在板上的文字那麼簡單，即使是想對它進行曲解也是不可能的。那麼，到底是什麼樣的方法呢？那就是將人民的思想當成一個整體，長時間、大範圍的進行比較，然後再去驗證它在各式各樣的事情上的表現。就如同判斷天氣是晴是雨一樣，我們不能透過朝晴來預測夕雨，更何況在幾十天的時間內，怎麼能夠預先確定幾日晴天幾日下雨的固定規律呢？這就不是普通人的智慧所能做到的事情。可是，在一年之中，只要統計一下晴雨的平均天數，就能知道晴天要比雨天多。而且將這種統計方法從一個地方擴大到一個州或一個國家時，統計出來的平均數就會更加精確。假如將這個統計方法擴大到全世界範圍，並且將前幾十年和後幾十年的晴雨平均天數全都統計並進行比較的話，那麼這兩組數字肯定是相差無幾的，就算是幾天的誤差都不會有。假如能夠將這種統計和對比擴大到幾百年或是幾千年，那麼它的準確性

或許就能夠達到一分鐘也不會差的地步。人的思想動態也是一樣。單從一個人一個家庭來看，是無法發現它的準確規律的，但是假如將其擴大到全國的範圍來考察的話，那麼這個規律的準確性，就跟統計晴雨的平均天數差不多，能夠讓我們得出一個同樣精確的比例的數字。處在某一個時代的某一個國家，它的智德會趨向於某一個方面的發展，或是由於某些原因而發展到了某種程度，或是遇到某些阻礙而退化到了某種程度，如同觀察實質物體的進退方向一樣，可以讓人一眼就看清。英國學者巴克爾（Buckle）氏所著的《英國文明史》中這樣說道：「倘若把一個國家每一個人的思想湊成一個整體來觀察，就會驚奇的發現，它的動態呈現出了一定的規律性。比如，犯罪行為也是人從思想到具體活動的轉化，如果僅觀察一個人，當然是無法看到這種活動的規律的，可是，只要國家的狀況沒有發生根本性的改變，每年的犯罪人數，是不會發生極大的變化的。以殺人犯為例，大部分的殺人行為都由於犯罪者一時的憤怒所導致的。從個人角度來說，誰會事先想到自己要在某年某月某日去殺害某某人呢？但是根據法國的統計資料顯示，不但每年殺人犯的數目基本相同，就連用來殺人的凶器，一年和一年也沒有什麼差別。最讓人感到奇怪的是自殺。自殺這件事，原本就不是其他人可以強迫的，也不是可以命令、勸說和引誘的，而是一種完全自願的行為，因此，我們不可能覺得自殺會有什麼規律性

可言。但是，根據西元 1846 至 西元 1850 年對倫敦每年的自殺人數進行統計，發現自殺人數最多的一年達到 266 個人，最少的一年也有 213 個人，平均每年大概有 240 個人，這幾乎變成了一個固定的數字。」上面這段話是巴克爾氏的分析。現在我再用一個通俗的例子來進行說明。比如在商業方面，賣方不可以強迫買方購買自己的商品，買與不買的權利完全掌握在買方手上，但是，賣方在進貨的時候，肯定會對市場的需求進行考察，因此他就可以做到不積壓商品。米、麥、布匹等商品不會腐爛變質，即使進的貨多一些，也不至於馬上遭受損失。在炎熱的季節採購魚蝦或日本點心的商人，倘若早晨購入的貨物無法在當天全部賣出，馬上就會受到重大的損失。可是，在實際生活中，如果你到東京的糕點鋪去買這樣的點心，你就會了解到，在那裡售賣的蒸糕，到傍晚時分便會全部賣完，從來都沒有聽說過有賣不完而變壞的。這種供銷兩得的情況，似乎是賣方和買方事先約定好了一樣。等到傍晚才去買點心的人，就像不顧自己的需求，只怕糕點鋪賣不完貨一樣。這難道不是怪事一樁嗎？糕點鋪的情況就是這樣，那麼，不妨再問問附近的住戶，一年之內到底吃幾回這樣的點心，買點心的時候會到哪個鋪子，一次會買多少，這些問題恐怕誰都無法回答。因此，對於吃點心的人的想法，我們不能只去觀察某一個人，但如果將整個城市的人的想法當作一個整體來看待，就能明白想吃這一類點

心的人的想法也是有一定的規律性的，而且可以透過分析總結，對其動向進行準確掌握。

因此，世界的形勢，絕不能只透過一事一物來妄自揣度。一定要大範圍的觀察事物的動態並對其實際上表現出來的所有情況進行考察，然後彼此之間進行比較，不然的話就不能了解真實的情況。這種方法其實就是對很多方面的實際情況進行大範圍的研究，西方人將之稱為統計學。這種方法對於研究人類的事業於衡量其利害得失而言是絕對不能缺少的。據我了解，西方學者近年來用這種方法專門來研究各種事物，獲得了很大的收穫。社會上關於土地和人口的多少，物價和薪資的高低，以及出生人口、結婚人口、疾病人口、死亡人口等資料，都可以用這種方法進行統計並製成表格，然後互相進行對照和比較，即使是以前很難展開研究的社會問題，也可以因為應用這一方法而變得非常簡單。比如說，在英國據說每年結婚的人數，會隨著糧食價格的漲跌而有所增減，糧食價格上升，結婚人數就會減少，糧食價格下降，結婚人數便會增多，從來都沒有例外的時候。在日本，尚未出現編製這種統計表格的人，因此情況還沒有辦法了解得更加清楚。但是可以肯定的是，結婚人數也會隨著米、麥的價格而出現增減的變化。男婚女嫁原本就是人之大倫，因此人們將婚姻視為頭等大事，從來不會草率了結，當事人雙方各有自己的好惡，身分地位和家庭貧富都有所不同，又要聽

父母之命、媒妁之言，另外還要對各方面的條件加以考慮，直到雙方全都覺得合適之後才可以結婚。這就不得不說是一種偶然的巧合了，事實上婚姻真的是一件不期而遇的事情。因此人們才將其稱為奇緣，甚至在神話傳說中還有月下老人撮合姻緣的故事，這些都證明了婚姻是一件完全出於偶然的事情。可是，從一個國家的實際情況來看，婚姻又絕非出自偶然。既不是因為當事人的心願，也不是因為父母之命和媒妁之言，儘管做媒的人巧言善辯，儘管有神靈在暗中撮合，但是對於社會上普通的婚姻來說，都是沒有什麼用的。因此，能夠完全支配結婚雙方的意願、父母之命、媒妁之言以及神靈的暗中撮合的，能夠隨意操控、使婚姻成功或者破裂的只有一個東西，那就是米價，這也是社會上最具決定性的東西。

按照這一原則對事物進行研究，對於探明事物動態的成因將會發揮很大的作用。本來，事物的動態，一定是有其原因的，而且其原因又可以被分成兩種類型，一種是近因，一種是遠因。近因顯而易見，遠因模糊難辨。近因有很多種，遠因的種類就比較少。近因容易造成混淆視聽的後果，而遠因只要查證明確之後就確定不變了。因此尋找原因的重點在於從近因慢慢追溯遠因。追溯得越遠，原因的種類就會越來越少，而且還能用一種原因來解釋幾種不同的現象。比如令水沸騰的是火，令人呼吸的是空氣，因此空氣就是人呼吸

的成因，柴火則是水沸騰的成因。但如果只找到這樣一個原因，仍然不能說是查到了底。原來，木柴之所以能夠燃燒，是由於構成它的碳元素與空氣裡的氧氣發生化學作用而發熱；人之所以能夠呼吸，是空氣中的氧被吸入人體，在肺部與血液裡過剩的碳發生了化學反映，然後又被呼了出來。因此木柴和空氣都只能說是近因，而氧才是遠因。所以，水的沸騰與人的呼吸，兩者的不僅表現不一樣，近因也不一樣，必須更進一步追尋到作為遠因的氧，才能將沸騰的現象與呼吸的現象都歸納為同一個原因，從而得出一個最終的正確結論。再比如前面我所說的那個關於社會上的結婚人口數量多少的問題，它的近因包括婚姻雙方當事人、父母、媒人的想法以及其他各式各樣的條件。可是，這些近因非但無法說明真實的情況，反倒會導致一片混亂，令人感到迷惑。所以，一定要拋開這些近因，去深入尋找遠因，知道了糧食的價格，然後才能找到制約結婚人口數量多少的真正原因，最終得出一個明確而無法改變的正確規律。

　　現在我們再用一個例子來證明。比如這裡有個酒鬼從馬上摔下來傷了腰，因此得了半身不遂的病症。倘若要問該病症究竟應當怎樣治療，是不是因為從馬上摔下來的緣故，便要在腰上貼膏藥，完全按著跌打的路子進行治療呢？假如這麼治的話，那醫生肯定是個糊塗庸醫。因為從馬上摔下只不過是得病的近因，而事實上是他常年酗酒不知養生，脊髓和

骨質早已衰弱，恰好在該病症快要發作的時候，從馬上摔了下來，最終導致全身震盪，因此突然發病，得了半身不遂的病症。所以要想治療，就必須先戒酒，讓致病的遠因——也就是衰弱了的脊髓和骨質慢慢恢復。稍微有一些醫學常識的人，都會明白這病的根源，要想治療也非常容易。不過，那些談論社會文明的學者就不明白這一點。他們大多都是庸醫一類的人物，只會被眼前所見所聞的現象迷惑，卻不知道探尋事物的遠因，不是受到這樣事的迷惑，就是受到那樣事的蒙蔽。如果這種人也想標新立異，妄圖做什麼大事的話，那真可說是盲人騎瞎馬，太胡鬧了。為了這樣的人考慮，才真的是可憐！就算是為了社會考慮，也是一件非常可怕的事情。

前面說過，在這個世界上，文明是一個國家的人民的智德不斷進步的產物，既然如此，那麼一個國家的興盛和衰亡，也就與國民的智德產生了莫大的關聯，這絕對不是區區兩、三個人的力量所能決定的。整個國家的形勢並非憑著自己的主觀想像——讓它前進便前進，讓它停下就停下的。接下來再用兩、三個歷史上的事例來對這個道理進行進一步的說明。原本在講述理論的時候引用歷史文獻就會讓文章顯得冗長而使人厭煩，不過，根據史實來討論事理，就像餵小孩吃苦藥的時候幫他摻上點糖一樣，能夠讓他感到適口一些。因為剛剛開始學習的人，在理解抽象的理論時總會感到

比較困難，倘若夾雜一些歷史上的真實事例，就可以讓他理解得更快一些。在日本與中國的歷史上，從古至今，大多數英雄豪傑人物都令人唏噓嘆惋，得志的真是太少了，很多人一輩子都只能窮困潦倒、牢騷不平。後代的學者，也都為他們的遭遇而流淚。他們說孔子生不逢時，而孟子也是一樣。又比如菅原道真被貶謫於築紫，楠木正成在湊川戰死等等，類似的事例數不勝數。因此從古至今都把偶然獲得成功的情況稱為「千古奇遇」，這正好說明了「逢時」之難。那麼，這裡的「時」又指代什麼呢？是不是說，在周朝時，諸侯如果能夠重用孔子、孟子，將國政委託給他們，天下就一定能夠大治，如果他們沒有得到重用，就成了諸侯所犯的罪過呢？道真被遠謫、正成之戰死，莫非也是藤原氏與後醍醐天皇的罪過嗎？倘若說「不遇時」是與兩、三個人的「心意」不合，那麼難道所謂的「時」就是由那兩、三個人的心意所形成的嗎？倘若周朝的諸侯在一個偶然的情況下重用了孔子和孟子，後醍醐天皇聽從了楠氏的建議，就一定能夠像今天的學者所想像的那樣，能夠將千年一遇的偉大功業完成嗎？所謂的「時」，難道與兩、三個人的願望沒有任何的差別嗎？所謂的「不遇時」，就是說英雄豪傑的想法與君主的想法互相對立的意思嗎？照我看，這完全是不對的。孔孟之所以沒有被重用，並非周朝諸侯的罪過，而是另外有其他原因。楠氏之所以戰死，不是因為後醍醐天皇不夠明智，也是因為另

有其他原因。那到底是什麼原因呢？我認為是「時勢」，即當時流行於社會和人民之間的「風氣」，更確切的說，是當時人民普遍擁有的「智德」水準。下面就來對這個問題進行論證。世界的形勢，就如同輪船在大海上航行一樣，主宰天下大事的人，就如同航海人員一樣。倘若在一艘一千噸的輪船上面裝一部五百馬力的蒸汽機，如果每小時能夠航行五海里，那麼十天就能夠航行一千二百海里，這便是輪船的速度。不管什麼樣的航海人員，不管用什麼樣的方法，都不可能讓這五百馬力增加到五百五十馬力，也不可能將一千二百海里的航程縮短到九天。航海人員的責任，就是在保障機器正常運轉的情況下充分發揮自己的作用。如果航行兩次，第一次用了十五天的時間，第二次只用了十天便到達了目的地，那並不是因為第二次的技巧有多麼高明，而是由於第一次過於拙笨，第一次出航的人員沒有真正發揮蒸汽機的潛力。但人的拙笨可是沒有明確的限度的，同樣是駕駛一艘輪船，有的人會用十五天，還有人會用二十天來完成航程，甚至還有根本就無法開動的。可是，不管人有多麼機靈，也絕對不可能讓機器發揮出它所不具備的能力。至於社會上治亂興衰的局面，也是同樣的道理。如果想要改變大勢，只讓兩、三個掌握國家大權的人來主宰全國人民內心的真實想法，那絕對是無法做到的。況且是違背人心強迫天下人服從自己的意志呢？那困難程度就如同在陸地上行船一樣。從古

至今，但凡能夠成就大事業的英雄豪傑，並非是他們用自己的智術提升了人民的智德，他們只是沒有對人民智德的進步造成阻礙罷了。看看整個國家的商人，不都是夏天的時候賣冰，冬天的時候賣煤嗎？這完全是順應了大家的願望。倘若有人在冬天的時候賣冰、夏天的時候賣煤，那恐怕天下人就無不說他是個蠢人了。如果在風雪的寒冬想賣冰，卻又沒人買，便因此歸罪於那些不買的人，並且大發牢騷，這簡直是沒有道理的事情，而有這種想法的人也是沒有腦子。真正的英雄豪傑倘若擔心冰賣不掉，最好的辦法就是將它們儲存起來，等到夏天來臨再去賣，而在中間等待的時候，倒不如多多宣傳冰的用處，讓人們都知道他那裡有冰。假如這些東西真的有用，那麼只要時候到了，自然不愁賣。倘若沒有什麼真正的用途，而且根本就不可能賣掉，那麼就應該堅決、盡快停業。

周朝末年，所有人都對王室禮法的束縛感到不滿，伴隨著禮法的日益鬆弛，諸侯開始背叛天子，大夫開始挾持諸侯，以至於陪臣都掌握了國家的大權，天下因此而分崩離析。當時，那些封建貴族之間互相爭鬥不休，沒有人在敬仰唐堯虞舜的禪讓之風，人們只知道有貴族，卻不知道有庶民。因此，誰能夠幫助較弱的貴族抗衡實力較強的貴族，誰就能夠贏得天下和人心，並且掌握一個國家的權柄。齊桓公、晉文公的霸業，就是這樣建立起來的。在這段時間內，

只有孔子主張恢復堯舜時代的風氣，提倡用抽象的德政來教化百姓，當然這種主張是不可能行得通的。按照當時的情形，孔子遠不如管仲等人能夠長袖善舞，順應時代的變化。到了孟子生活的年代，情況就變得更加糟糕了。當時，那些封建貴族已經慢慢趨向統一，抑強扶弱的霸業也早就行不通了，並且慢慢形成了強國吞併弱國、大國吃掉小國的兼併混戰局面。當時，蘇秦、張儀等人奔走於四方列國，或助其成，或破其策，在合縱連橫的爭鬥中忙碌不休，貴族自身都難以自保，哪裡還有閒暇時間去關心人民呢？哪有時間去考慮孟子所說的「五畝之宅」呢？他們只想著集中全國之力來應對戰爭，求得國君一個人的安全罷了。當時，即使是有聖主明君，想要聽從孟子的建議而施行仁政，恐怕也會隨著政權的崩塌而對其自身帶來危險的。比如滕國處於齊、楚兩個大國之間，孟子也沒有什麼好辦法來應對這樣的局面 —— 這就是一個明顯的例子。這裡我並不是對管仲、蘇秦、張儀等人持袒護態度，對孔子和孟子則持貶抑態度，我只是嘆息這兩位聖人不能認清當時的形勢，竟然想著用他們的學問來對當時的政局施加影響，不僅受到了時人的嘲笑，就算對後世也並沒有什麼益處。孔子和孟子都是他們所處的那個時代的偉大學者，是從古以來少有的思想家、教育家，假如他們能夠擺脫當時政治上的羈絆和束縛，開闢出一個嶄新的局面，那麼他們所建立的功德必定無比偉大。但是，

附：《文明論概略》部分章節

他們一生都被桎梏住了，沒有能夠邁出這一步，所以，他們的主張看上去不成體系，沒有成為縝密的理論，而且其中大半夾雜著政論，以至於令哲學的價值受到了貶低。請想一下，那些尊奉孔孟的學者，就算是讀書破萬卷，如果沒有從政的話，就沒有絲毫其他的用處，只能在私下裡發牢騷、鳴不平。如果這種觀點普遍流行於天下，每個人都進入政府成為統治集團的一員，那麼，政府下面還有什麼人可以被統治呢？他們將人劃分成了智愚、上下不同的等級，自詡為智者，並急迫的想要統治那些所謂的愚民，因此他們參與政治的想法便十分的急切。但最終還是因為求之不得，反而別人諷刺為喪家之犬，我真是替聖人們感到羞恥啊！至於要將他們的主張施行於政治，我覺得也存在很大的問題。孔子和孟子的學說原本是講修身養性等倫常道理的，不管怎麼說是對抽象的仁義道德進行討論的，因此我覺得也可以將其稱為倫理學。道德是純潔的，不應當受到輕視。對於個人而言，它具有很強大的功能。可是，道德只存在於一個人的體內，在與有形的外部世界接觸時，並不會發揮任何作用。所以，倘若在未開化的或是人際關係單純的社會，它對於維護人民的秩序還是非常有用的。不過，隨著民智的慢慢開化，其功用必定會逐漸減弱，直至喪失。假如現在還想用內在的、無形的道德對外在的、有形的政治施加影響，想要用古代的方法來處理現代的事務，想要用感情來統治人民，那未免就太糊

塗甚至是太可悲了！這種不顧時間、地點的情況，正如想在陸地上行船，在盛夏穿上皮裘一樣，在現實生活中上是根本就不可能行得通的。事實證明，幾千年來，直到現在，從來就沒有因為奉行孔孟之道而實現天下大治的。所以說，孔孟之所以沒有受到重用，過錯並不在於諸侯，而是當時那種時代的大趨勢所造成的。在後世的政治方面，孔孟之道之所以未能施行，並不是由於孔孟之道是不對的，而是因為時間、地點不符合。周朝末年不適合施行孔孟之道；在當今這個時代，孔子和孟子也不可能成為有作為的人物；甚至到了日後，孔孟之道也不可能適用於政治。理論家的學說最終會成為哲學，這與政治家的功業也就是政治是有著非常大的區別的。

楠木正成的死，也是當時的情勢所造成的。當時日本皇室大權旁落已經有很長時間了，早在保元、平治兩位天皇之前，軍事上的大權就已經完全被源、平二氏牢牢掌控，天下的武士無不服從他們的管轄。源賴朝繼承了父輩和祖輩的遺業，崛起於關東，整個日本國沒有一個人敢與他爭鋒。這是由於當時全國人民都懾服於關東的威勢，人們只知道有源氏，卻不知道有天皇。後來北條氏繼續把持國家的政權，並且能夠得以保持鐮倉的舊例，全都是藉著源氏的餘蔭。等到北條氏覆滅，足利氏興盛，仍然是依靠了源氏門閥的力量。在北條、足利時代，全國各地的武士雖然曾經打著「勤王」

的旗號興兵起事，但他們真正的目的是想藉機打垮關東的勢力，來獲得個人的功名。假如這些所謂的勤王之輩果真得了志，那勢必也會變成第二個北條或足利。

　　就算是為了天子著想，也無非是繼續重複前門拒虎、後門進狼而已。類似的情況可以從織田信長、豐臣秀吉、德川家康等人的事蹟得到印證。自從鐮倉時代以來，在天下起事的人，沒有一個不是打著勤王的旗號的，可是等他們真正成功以後，卻沒有一個能夠真正勤王。所以勤王只不過是被當成了起事時的一個藉口，成功之後並沒有變成現實。史書裡這樣記載：「後醍醐天皇在消滅北條氏之後，首先對足利尊氏的功勞進行了賞賜，並且將他的地位置於諸將之上，排在他後面的是新田義貞，而楠木正成等真正的勤王功臣，則被置之不理。以致足利尊氏野心得逞，王室再次陷於衰微。」直到現在，學者在讀這段歷史的時候，無不對足利氏的凶惡咬牙切齒、痛恨不已，感嘆天皇的不明智。實際上，這都是由於不了解當時的時勢的緣故。在當時那種情況下，天下所有的大權都掌握在聚集在關東的武人手裡，正是這些關東的武士消滅了北條，幫助天皇復辟成功。作為關東的名門，足利氏威望一直都非常高，雖然當時關西的人也起事勤王，但是如果足利氏沒有改變自己的態度，天皇又怎麼能夠復辟呢？事情成功之後，將足利氏放在元勛首功的位置，恐怕也並不是天皇有心要對足利氏的汗馬功勞進行獎賞，而是懾於

足利氏的威名而不得不順應時勢進行敷衍。從此事我們就能夠判斷當時的形勢了。足利氏從始至終都沒有勤王的意思，是由於他的權威並非透過勤王獲得的，而是足利氏一族原本就有這樣的權威。他勤王的目的是推翻北條氏，是為了讓自己獲得好處。既然北條已經被推翻，便用不著繼續打著勤王這面旗幟了，這樣也可以維護自己的權威，這才是他變化無常以及長期盤踞鐮倉保持獨立的真正原因。而楠木正成就不是這樣了，他來自河內一個貧寒的家庭，以勤王的名義，也只不過募集了幾百名士卒，經歷了千辛萬苦才建立不世奇功。可是他卻不具備很高的威望，怎能與那些關東名將相提並論呢？對足利氏來說，楠木正成跟自己的部下沒有什麼區別。天皇並不是不知道正成建立了多麼大的功勞，但他也不可能違背眾人的意願，對他記首功。也就是說，足利氏駕馭了王室，而楠木正成又受王室的駕馭。當時的情勢便是如此，這也是沒有辦法的事。況且，正成原本就是靠著勤王才出名的。只有當日本全國勤王的風氣變得越來越盛時，楠木正成的威望才會越來越高，不然的話，他的名氣就只會日漸式微，這幾乎是肯定的。特別是從第一個宣導勤王的正成不得不屈從於足利氏的領導，而天皇對這一情況也無計可施，由此能夠想像出當時天下勤王的聲勢其實是極為微弱的。是什麼原因導致這種情況的呢？並非只是因為後醍醐天皇的不明智。自保元、平治以來，歷朝歷代的天皇，不明智、沒有

德行的，多得不可勝數，就算後世的史官極盡諂諛掩飾的筆
法，也無法隱藏他們的罪責。比如王室父子、兄弟自相殘
殺，或是靠武將的力量殘害骨肉。等到北條時代，情況就變
得更加惡劣，不光陪臣掌握了天皇的廢立大權，就連王室各
個分支也出現了爭相向陪臣進讒言，互相傾軋，為了王位爭
奪不休。他們由於忙著爭奪王位，根本無暇管理國政，因此
將天下大事置之度外，這些情況都是不難想像的。此時，天
皇已經不是統治日本國的君主，而是受武人威力脅迫的奴
隸。（比如伏見帝曾經向北條貞時發出密諭，陳述擁立龜山
帝後代之種種不利，於是伏見帝的皇子被擁立為後伏見帝。
可是，伏見帝的堂兄後宇多天皇又請求貞時廢掉後伏見帝，
改立後宇多天皇的皇子為帝。）後醍醐天皇儘管並非聖明君
主，但與前幾代的天皇相比，其言行還是有很多可取之處
的，又怎麼能夠將王室衰微的責任完全讓他來承擔呢？權柄
從王室手中脫離，並不是被別人奪走的，而是因為長年累
積不斷發展的趨勢，王室自己主動放棄，以致讓別人把持了
權柄。這就是為什麼天下人不知道有王室、只知道有武人；
不知道有京師，只知道有關東的緣故。因此即使是當時的
天皇聖明，而且手下有十個正成那樣的大將軍，但在王室積
弱已久的情況下，還能做出什麼大動作呢？這絕對不是人力
所能做到的。由此可以看出，足利氏的成功與楠木正成的戰
死事絕不是偶然的，而是有其必然的原因。所以說，楠木正

成的死，不是因為後醍醐天皇的不明智，而是時勢使然。正成並非敗於足利尊氏而死，而是因為不能順應時勢的變化而亡的。

正如上面所說，那些英雄豪傑之所以「不遇」，只是由於未能順應當時社會的風氣，以至於最後不能讓自己的願望實現。那些能夠得千年一遇的機會而終成大業的，也正是因為順應了時勢，讓人民能夠充分發揮了他們的力量。美國在十八世紀能夠贏得獨立，既不是靠著創造偉業的四十八位勇士，也不是第一任總統華盛頓個人的功勞。四十八位勇士只是具體的展現出了十三州人民身上具備的獨立精神和力量，而華盛頓則是將這種力量展現並運用到了戰場上。因此，美國的獨立並非千年一遇的奇蹟。就算當時打了敗仗，一時之間未能獲得成功，但仍會出現四百八十位勇士，十位華盛頓。總而言之，美國人民肯定是要獨立的。近一點的例子還有四年前發生在歐洲的普法戰爭，有人認為，法國之所以會戰敗是由於拿破崙三世在對敵策略上出現了失誤，而普魯士國勝利的最大功臣則是宰相俾斯麥。這種看法並不正確。拿破崙三世與俾斯麥的智力相差並沒有那麼懸殊，這場戰爭勝敗的主要原因是因為當時的形勢。普魯士這個國家的人民能夠團結起來，一致對外，所以就強盛；法國人由於黨派紛爭不斷，所以就衰弱。加上俾斯麥能夠順應這一趨勢，讓普魯士人民充分發揮出勇敢的精神，而拿破崙三世卻違背人心，

向著與法國人民的希望相反的方向前行。由此可以得出這樣一個結論，戰爭的勝負，既不取決於將帥，也不決定於武力的強弱，完全是由全體國民的精神力量所決定的。倘若率領幾萬將士打仗卻失敗了，那麼與士兵的關係並不大，責任最大的只能是那些無能的將帥，由於他對士兵的行動造成了妨礙，不能讓士兵充分發揮他們自身的勇氣。

我們可以再舉這樣一個例子，假如現在的日本政府，認為行政效率低下完全是由於長官能力不足，於是便為了尋找人才而錄用這個，或是提拔那個，可是試行的結果，對政府事務本身依然沒有任何的幫助。要麼就以人才不夠為藉口，聘請外國人來本國擔任教師或是顧問，向他們求教，可是行政效率仍然無法提高。如果但從行政效率低下這方面來看，政府官員似乎確實是能力不足，但是請來的外國教師和顧問不也一樣是愚人嗎？實際上，如今的政府官員都屬於國內的人才，而請來的外國人，也並非故意挑選出來的愚人。那麼，為什麼行政效率還是沒有提高呢？肯定是有其他的原因。那原因到底是什麼呢？一遇到實際推行政務的情況，就必定會發生一些令人感到無可奈何的事情，這便是其原因。這樣情況是非常難以形容的，就如同我們俗話中所說的「寡不敵眾」。政府在政策上之所以會出現失誤，通常都是因為寡不敵眾。政府的官員並不是不知道存在失誤，那麼為什麼知道還要繼續做呢？這是由於官員勢單力孤，而群眾輿論的

勢力強大，確實是無計可施。如果問這樣的輿論是怎樣產生的，那確實也無法找到根源，似乎是從天而降一樣，但它的力量卻足以左右政府及政務的實施。因此，行政效率的低下，並非幾個官員的責任，而是群眾在輿論方面所施加的影響。世人千萬不要總是錯誤的將所有事情的責任歸結於政府官員處置不當。古人總覺得糾正君主錯誤的認知最為要緊，但是我的看法卻正好相反，我覺得一個國家最重要的事情，首先是糾正群眾和社會輿論的導向。身為政府官員，由於親身參與了國事，他對於國事的憂慮自然就比普通人要深切得多，原本應當為群眾輿論的錯誤導向而憂慮，需要設法進行糾正，可是有一部分官員並沒有這樣做，他們要麼就是贊同這樣的輿論，要麼就是被這種輿論所迷惑，成為同情這種輿論的人。這樣的人原本身居為別人憂慮的位置，但卻做出了令人感到憂慮的事情。而政府的失誤通常表現為 —— 明明自己制定了法令和政策，但最終破壞它的也是自己。從國家的角度來說，假如說這也是一種令人感到無可奈何的事情，那麼，所有為國家前途殫精竭慮的人士就一定要努力宣導文明，不管是官員還是平民，都需要從迷惑中趕快清醒過來，來讓群眾輿論的導向有所改變。輿論才是真正天下無敵的，政府、官員都敵不過輿論的攻勢！所以，現在的學者也無須過多的苛責政府，而是應該擔憂輿論導向的錯誤。

　　或許有人還會說：照這一章所討論的結果，天下所有的

附：《文明論概略》部分章節

事情，都只能任由人心趨向來左右，並不能改變什麼；而全世界的情勢，也如同寒暑往來、草木枯榮一樣，是人力所沒有辦法改變的？就像政府對人民而言並沒有用處一樣，學者也變成了沒有用的廢物，至於商人和工人，也只能順其自然，並沒有什麼強制規定的義務。這怎麼能說是文明的進步呢？前面我們已經說過，文明人類發展的必然規律，達到文明的狀態，當然是全人類的願望。但是在實現文明的進程中，必須要各盡其責。例如政府應當維持好社會的秩序，確保當前的措施順利施行；學者應當高瞻遠矚，未雨綢繆；工人和商人應當努力做好個人的事情，讓國家增加財富稅收等等，這些都是各司其職、各盡其能為文明的發展所做的貢獻。當然，這不是說政府不應當制定長遠的規畫，學者更不應該無所事事。更重要的是，有些政府官員就是學者出身，兩者的職責儘管十分類似，可是，既然已經區分出了公和私，並明確的分清了各自的職責範圍，那麼就不能不對職務的性質進行現在、未來的區分。倘若國家有什麼事情發生，首當其衝並需要立即做出決策的當然就應該是政府，可是，密切注意世界局勢，為了應對未來做好一切準備，要麼促使其盡快實現，要麼防範於未然，就都是學者的職責了。普通的學者不明這個道理，喜歡多管閒事，四處奔走呼籲，但是卻忘了自己的本職，有的甚至受到了官方的利用，想要插手政府當前的政務，最後不僅一無所成，反而令自己學者的身

價受到貶低。這真的是太過愚蠢了。政府所發揮的作用就像
替身體做外科手術，而學者的理論就像是身體養生的方法，
兩者的效果雖然有遲速緩急的不同，但是對身體的健康而言
則同樣是不可或缺的。如今說起政府和學者，儘管一個作用
於現在，一個作用於未來，但卻都是非常重要的功用，兩者
對國家來說，也都是不可或缺的。因此，政府與學者千萬不
要有絲毫牴觸的地方，一定要互助合作，相互鼓勵，一起為
文明的進步和發展而努力。

智德的區別

　　在前面的討論中，我曾將智、德兩個字放在一起，作為一個詞語，想以此表達文明的進步與社會整體智、德的發展有著強大的關聯。但在這裡我將分別對智、德二字的含義和區別進行闡述。

　　德就是道德，西方人稱為「Moral」，意思是內心所堅持的原則。也就是一個人內心真摯、無愧於人、無愧於心。智就是智慧，西方叫作「Intellect」，意思是指考慮事物、分析事物、處理事物的能力。另外，道德與智慧，還有兩方面的分別。首先，凡是歸於內心活動的，例如篤實、純真、謙虛、嚴肅等叫作私德。其次，和外界接觸並表現在社交行為上的，例如廉恥、公正、耿直、無畏等叫作公德。第三，探求事物的道理，並且可以順應這種道理的才能，叫作私智。最後，能夠區分事物的輕重緩急，輕、緩的事情後辦，而重、急的事情先辦，這種觀察事物時間性與空間性的才能，叫作公智。所以，私智可稱作機靈的小智，公智也可稱作聰明的大智。這四者之中，最為關鍵重要的是第四種的大智。假如不具備聰穎睿智的才能，那麼也就無法將私德私智發展為公德公智。相反的，有時還會有公私相悖且相互牴觸的情形。古往今來，儘管無人將這四者確切的提出來，然而，從

學者的言談或者是一般人平常談論中，認真研究其意義，便可以從中發現這種分別是確切存在的。孟子說：「惻隱、羞惡、辭讓、是非，為人心之四端。擴之則若火之始燃，泉之始達。苟能充之，足以保四海，苟不充之，不足以事父母。」[56] 這就是要將私德發展為公德的意思。又說：「雖有智慧，不如乘勢，雖有鎡基，不如待時。」[57] 這就是要洞察事態的輕重緩急，將私智發展到公智的意思。世間也常有這樣的說法：某某人在社會上真的是一個非常能幹的人物，在工作中表現十分優秀，然而私生活卻實在是不像話。法國宰相黎希留（Richelieu）就是如此。也就是說，雖然在公智公德上毫無欠缺，但是在私德上卻是有缺點的。還有另外一種說法，就是：某某人無論是圍棋、象棋、或者珠算全部精通，然而僅僅是有小聰明，而不具備大見識。這是對只有私智而沒有公智的人的評論。上述智德的四種分別，既然是學者與一般人所公認的，所以，它就是一種普遍的分別了。首先確認這種分別，接下來再進一步探討其作用。

綜上所述，假如不具有聰明和睿智的才能，那麼就不能夠將私智擴大為公智。比如，下棋、鬥牌、耍球等本領，是人的技能，探究物理、機械等方面的學術，也是人的技能，儘管同樣需要耗費精力，然而，如果在衡量事物的輕重緩急

---

56 出自《孟子・公孫丑上》。
57 出自《孟子・公孫丑上》。

之後，去從事重大而且對社會更加有益的事情，那麼智慧所表現的作用相對來說也就更大。或者，儘管沒有親自動手，但是可以觀察事物的利害與得失，恰如亞當・史密斯闡述經濟規律一樣，積極的指引社會上的人更進一步向富足的道路上走去，這就是充分讓智慧發揮出強大的作用。因此說，如果想將小智擴大為大智，就一定要有聰明睿智的見解。還有一些讀書人講什麼：「大丈夫處世，當掃除天下，安事一室乎？」[58]，儘管對治國平天下之道大有心得，然而卻不能修身齊家。也有出淤泥而不染、閉耳不聞窗外事的人，甚至還有殺身而無益於世之人。這些都是不聰明，不清楚事物之間的關係，不能夠分辨輕重大小，從而喪失了修德的平衡。不難看出，智德受著聰明與睿智的差遣，因此，就道德來論也可叫作大德，然而，假如依照社會上一般人常用的字義，不應當叫作道德。這是由於從古至今日本人民的思想上所斷定的道德，是專門對個人的私德而言的。探究其意義，都是以古書中的溫良恭儉讓、仁者如山、無為而治、聖人無夢、大智若愚等等為本心的。也就是說，道德所指的是，存於內而非形於外的。西洋叫做「Passive」，意思是指對於事物不採取主動，反而是採取被動的方式，這好像僅僅將排除私心一事當作最重要的事情。儘管書中所談論的並非全是被動的道德，好像也有一些活潑生動的妙處，然而全書的精神給人的

---

58 出自《後漢書・陳蕃傳》。

印象，只不過是勸告人們容忍屈服罷了。在這種教育影響之下的日本人民，在其一般觀念中，道德具有很大的局限，所以所謂聰明和睿智等才能，也就不可能僅僅是書中字面意思所能概括的。因此在對文字含義進行解讀的時候，不要局限於學者的定義，而要考察大眾的意見，依照大眾所理解的看法來解釋，才是最準確的。比如「舟遊山」這個詞語，假如按照字面去探求字義，就無法講得通，但是按照一般的解釋，這個詞語並不包含山上遊逛的意思。德字也是這樣。假如根據學者的解釋，意義非常廣泛，但是根據一般人的解釋就不是這樣了。一般的人，看到清心寡欲的山寺老僧，就敬重其是有德高僧。對於擅長物理、經濟、理論等學問之人，則必定不會將他們稱為有德行的君子，而會稱其為才子或是智者。又比如對於古往今來成就大功業的風雲人物，則會稱其為英雄豪傑，而對於他的道德，則僅是稱頌其私德，而對更可貴的公德，反而不會列入道德之內，似乎是將它忘記了。不難看出，一般人對於德字的理解到底有多大的局限性。這或許是由於在人們的認知中，儘管清楚智德有四種分別，但是有時候好像清楚，有時候又好像不清楚，結果受社會一般風氣的束縛，僅僅重視私德方面。所以，我也按照社會一般人的觀點，將聰明睿智的作用納入智慧當中，對於普通所謂的道德，就一定會縮小其表面含義的範圍，僅限於被動的私德了。前面所闡述的德字就是根據這個標準來解釋

的，因此，在談論的時候，用智慧與道德互相對比，覺得智的影響是重且廣的，德的影響是輕且窄的。這裡也或許有些偏見，然而學者假如能夠明白前面所講的意思，也就不至於產生疑惑了。

在民智尚未開化的情況下，提倡使用私德去教化人，人民也聽從這種教化，不只日本如此，世界各國也都是如此。在人剛剛脫離禽獸的行列時，為了盡快抵抗野蠻凶暴的行為，平復人心，讓自己過上安穩的生活，因此人們無暇考慮人和人之間複雜的關係。此外，在原始社會，對於物質方面的生活，只有吃這一樣，而且是從手直接到口，好像也無暇顧及到居住、衣服等方面的問題。但是，隨著文明漸漸的進步，人和人之間的關係也逐步變得複雜起來，因此就沒有理由只依靠私德這一種方法來控制其他人。因為自古以來的習慣與人類天生的惰性，總是喜愛守舊與苟安，因此，道德也就總是偏向一方，不能夠維持其平衡。原本，私德的條目是傳於萬世而不變、放之四海而皆準的最純正、最完滿的事物，自然不是後世可以改變的。可是，隨著社會逐步的發展，私德的使用就必須要選擇合適的場所，且一定要採取合適的方法，比如，人要飲食這一點，儘管是亙古不變的，然而在古代，僅有用手直接到口的這一個方式，但是到了後世，飲食的方式卻變得五花八門。又比如，私德之於人心，就好像是耳目口鼻之於人身一樣，根本不存在有用或者無用

的問題。只要是人類，就不可能不具有耳目口鼻。除非是身體殘缺不全者所居住的社會，才會有探論耳目口鼻有用與沒有用的必要。既然不存在殘缺不全的情況，那麼也就犯不上去滔滔不絕的議論了。在上古民智尚未開化的時期主張這種學說，自然是有必要的。然而到了今天這個時代，假如全世界人類十有八九，依舊是殘缺不全的，那麼道德的教化也就絕對不可以置若罔聞，或許還要為此爭辯一番。比如，對於智力尚未得到發展的兒童，或者一無所知的愚民，假如始終如一的告訴他們，道德並非什麼寶貴的事物，那麼就會讓他們產生曲解，從而把道德理解成是低賤的，只有智慧才是寶貴的。甚至還會曲解智慧，以致出現摒棄美德而尋求奸智的弊端。如此一來，或許會導致社會上人和人之間正常的關係被毀滅，因此對於這類人一定要不斷強調道德的問題。然而，假如將尋求真誠的私德當作人類的分內之事，以私德支配社會上的所有事物，其弊端也是十分令人恐怖的。所以，一定要清楚地點與時間的條件，以期步入高尚的境地。

　　文明的原意，是隨著人事逐漸變得複雜而進步的，因此不可以滿足於上古時期的原始形態而止步不前。現代人在飲食方面，已經不能採用從手直接到口的方式了，只要了解人之有耳目口鼻並不是值得炫耀的事情，那麼也自然會明白僅僅修私德並不可以盡到做人之道。文明的特點是人事紛繁。交際越頻繁，思想活動也必定會複雜起來。假如覺得僅僅用

私德就能夠應對社會上的一切事物，那麼，看到現在婦女的德行便大可感到稱心如意。很多正派的家庭婦女，都具備賢淑謙遜之德，言語忠信、行為篤敬，而且擁有很強的處理家務的才幹。然而她們為什麼不可以出來負擔社會公務呢？這就說明人們不是單憑私德來處理社會問題的。總而言之，我的看法，並非是不重視私德，將它當作生活的小節，而是不能夠認同日本人民一直以來所堅持的那樣，過度強調私德的影響，將它作為談論事物的標準。我的意思不是說私德沒有用，以至於要將它拋棄，而是提倡在主張私德的同時，也一定要強調更加重要的智德的影響。

智慧與道德，就像人的思想的兩個部分，各自發揮著作用，因此不能說哪個更重要，哪個不重要。一個人假如不能做到兩者兼備，那麼就不可以算是個完人。但是，試看自古以來學者的言論，十有八九是違背事實的，有的甚至錯誤的只主張道德的一面，更有甚者竟然極端錯誤的覺得智慧是完全沒有用的東西。為了社會考慮，這是最讓人擔憂的弊病。當談論到要消除這個弊病的話題時，卻又碰到了其他的困難。在當今社會，要談論智慧與道德的分別，要想糾正這種流弊，首先必須要將這兩者的界限劃清，並將其各自的作用明確的指出來。然而，在頭腦簡單的人看來，或許會覺得這種說法屬於輕德重智，會貶低道德的價值，從而心懷不忿；可能還有人曲解這種議論，簡單的覺得道德是沒有用的東

西。原本，為了社會的文明進步發展，智德兩者都是必不可少的，就像人身之需要營養，糧食菜蔬和肉魚都是不可缺少的。因此，現在提出智德的功效，談論智慧的重要性，恰如奉勸不知保養的素食者去食肉一樣。勸人吃肉，一定要闡明肉的功效，講明糧食菜蔬的養料不夠充足，更要闡述菜肉同食且互不相悖的原理。假如這個素食者僅片面的理解這個道理，然後竟然忌吃糧食菜蔬，開始只吃魚肉，那就是糊塗到了頂點，只能說這是曲解。我想古往今來的識者，並非是不懂得智德的分別，而僅僅是害怕產生這種曲解，所以特意存而不論。可是，如果明明知道卻從不談論，那就永遠不能解決這個問題。不管什麼事情，只要符合乎道理，不一定非要十個人全都誤會，即使十人之中偶爾有兩、三人誤會，也比不談強。因為害怕兩、三人誤會，而阻礙了七、八人增長見識，這是不合乎道理的。因為害怕世人誤會而將應該發揮作用的談論藏匿起來，或者將自己的看法加以掩飾，讓人無法清楚分辨，玩弄什麼「順風使舵、看人說話」的計謀，那麼只能說這是一種藐視人類的舉動。人類的智愚的懸殊不可能過大，世人儘管愚昧，但是尚且可以辨別清楚黑和白。那麼，主觀的覺得別人愚笨，或者揣測、曲解別人的意思，而不將事情的真相告訴他人，這難道不是有失敬仰之道嗎？這都是君子所不為的事情。只要自身覺得是正確的，就應當毫無顧忌的直言不諱，至於正確與否，可以由別人來判定。這

就是我之所以好辯與談論智德分別的原因。

　　道德是存在於人類內心世界的事物，而並非是外在的舉動。所謂修身和慎獨，都是與外界沒有關係的。比如，無欲、正直儘管是道德，假如為了害怕他人的誣衊，或者擔憂世人的攻訐，而牽強的裝出一副無欲與正直的樣子，那麼，這不可以將其稱之為真正的無欲與正直。攻訐與誣衊都是外界的事物，這些受外物限制的就不可以叫作道德。假如這也可以稱為道德的話，那麼，在某種情形下為了躲避某些事情而做出徇私枉法的舉動，也就算不得背離道德了。假如是這樣，偽君子與真君子也就沒有任何分別了。所以，道德可以說是一種無論外界事物怎樣變化，不管世人如何評論，都會威武不能屈、貧賤不能移、堅定的存在於人們內心的事物。智慧與道德不一樣，它需要與外物來往，並思考利害關係，假如這樣做沒有利，則換用其他的方式；如果自身覺得有利，但是大多數人認為有害，那麼就應該馬上改變；一件事之前是有利的，現在有了更加有利的，那麼就應該採用這個更為有利的事物。比如，馬車比轎子有利，然而假如明白了蒸汽的原理，那麼就應該製造火車。製造馬車與發明火車，自探究其利害關係之後就能夠知道應該選擇更為有利的事物，這就是智慧的功用。如這樣智慧與外界事物來往，適應狀況靈活應用，與道德完全相悖，這是一種外在的功用。有德的君子獨自坐於家中，不能夠說他是不好的人，然而，智

者假如沒有作為，且不和外物來往，那麼也就可以稱為愚人了。

　　道德是人的品性，首先它的作用是影響一家人。如果主人的品性端正，那麼這一家人的品行就自然會趨於端正；如果父母為人隨和，那麼兒女的性子也自然隨和。有時親戚朋友之間，彼此相互勸告，也可以走進道德之間，然而，只用忠言相勸，而讓人為善的功用終究是極為狹小的。總而言之，只憑藉道德是不能夠做到家喻戶曉，眾所周知。智慧就不一樣，假如創造了物理，一經公諸於世，全國的人心馬上就會被其轟動，假如是更大的創造，則僅僅憑藉一個人的能力，往往能夠把全世界的面目都改變了。比如，瓦特創造了蒸汽機，讓全世界的工業面目煥然一新；亞當·史密斯發現了經濟規律，讓全世界的商業因其改變了面貌。傳播的方式，既可以透過口述來傳播，也可以透過書面來傳播。聽到此類口述或者是看到此類著作，並將其付諸實踐的人，就與瓦特、史密斯一樣了。因此，昨天愚昧之人也能夠變成今天的智者，世界上可以出現成千上萬個瓦特與史密斯。其傳播速度之快與推廣範圍之大，絕對不是以一個人的道德，去勸告其家族朋友所可以相比的。有人說，湯瑪斯·傑佛遜[59]透過努力，廢除了社會上販賣奴隸的法律；約翰·霍

---

59 湯瑪斯·傑佛遜（Thomas Jefferson，西元 1743－1826 年），美國第三任總統，在任期間簽署了廢除奴隸貿易的法令。此後，其他國家紛紛效

附：《文明論概略》部分章節

華德[60] 把監獄的黑暗掃清了，這些都是道德的力量，不得不說這些都是功德無量之舉。這兩個人把私德化為公德，的確是功德無量。當這兩人歷盡千難萬苦，想盡一切辦法，克服所有困難，最終使全社會人心都被其感動，實現了自己偉大的事業，這與其說是私德的功勞，倒不如說是聰慧睿智的效果。兩人的功績儘管非常偉大，然而依照社會上一般人的看法來理解德字的含義，簡單的來講道德，則不外乎是大公無私的舉動。如果這裡有一個仁人看見兒童落井，他為了拯救這個兒童，從而犧牲了自己的生命；而約翰·霍華德為了挽救數以萬計的人，也犧牲了自己生命，假如將這兩人的惻隱之心拿來相比，那麼是沒有大小的區別的。所不相同的是，前者是為救助一個兒童，後者則是為了拯救數以萬計的人，前者是立了一時的功德，而後者則留下了萬代為之歌頌的功德。至於犧牲生命這一點，兩者之間，於道德上是沒有任何輕重的區別的。霍華德之所以可以拯救數以萬計的人，並留下萬代為之歌頌的功勛，是因為憑藉了他的聰慧睿智，而發揮了私德的功效，將功德的範圍擴大了。因此，上述所講的這位仁人是僅僅具有私德，而欠缺公德公智之人，而霍華德則是擁有公私德智之人。打一個比方，私德好比鐵材，智慧

仿，結束了長達四百年的黑奴貿易。

60 約翰·霍華德（John Howard，西元 1726－1790 年）：十八世紀英國政治家，曾著有《監獄之狀況》，推動了英國的監獄制度改革。

好比加工，沒有經過加工的鐵材，僅僅是堅硬沉重的事物，假如稍微加工一下，將其做成錘子或者是鐵鍋，那麼它就具備錘子與鐵鍋的功能。假如再進行加工，將其做成小刀或者是鋸，那麼就具備小刀與鋸的功能。假如以更加精密的技術進行加工，龐大的鐵材能夠被做成蒸汽機，精細的能夠被做成表弦。假如用大鍋與蒸汽機相比，有誰不會覺得蒸汽機的功能大並且更為可貴呢？為什麼覺得蒸汽機可貴呢？並非是由於大鍋、蒸汽機的鐵材不相同，而是覺得加工可貴。假如僅僅從鐵製品的原材料來講，大鍋、機器、錘子、小刀的原材料都完全相同，但是，在這些物品之間，之所以有貴賤的分別，僅僅是因為加工的程度不相同而已。衡量智德的對照關係也是這樣的。不管是救助兒童的仁人，或者是約翰・霍華德，僅僅從他們的道德本身來講，是沒有任何輕重大小的區別的。然而，霍華德對這種德進行了加工，將它的功效擴大了。這個加工就是智慧的功效。因此，談論霍華德的為人時，不可以僅僅稱他為有德的君子，應當稱其為智德兼顧，甚至可以是聰明智慧都冠絕古今的人物。假如這個人智力欠乏，一輩子僅僅是蟄居斗室，且只抱著一本書讀到老死，那麼他的德行或許有可能將其妻子感化，或許連其妻子都感化不了。假如是這樣，又怎會有如此的宏願，而將全社會的壞風氣清除了呢？因此說，私德的功效是狹效的，智慧的功用是廣泛的，道德是憑藉智慧的功用，而擴大其範圍與發揚光

大的。道德問題從古至今就是一成不變的。……古代的賢者儘管很多，但是也沒有把「五常」[61] 增加一項改為「六常」的，這就是雖然道德條目簡少，但是永不可以移易的明證。古代聖人不只是將這些教條全部親身實踐，並且還會教導他人。因此後人不管如何刻苦力學，也不能夠超出聖人之上，恰如聖人講雪是白色的，炭是黑色的，後人又如何將它改動呢？與道德有關的問題，猶如古人把專利權給獨占了，後人僅能作為承銷商，其餘是沒有其他辦法的。這就是為什麼孔子之後聖人難以再出現的原因。因此道德在之後一直沒有任何改進，上古的道德與今天的道德，在本質上並沒有什麼變化。但是智慧就不一樣，古人了解其一，今人則了解其百，古人所害怕的，今人則輕視它，古人所認為奇怪的，今人則覺得可笑，智慧的範疇日益廣闊，古往今來的發明創造多得不可枚舉，今後的發展依舊是不可估算的。如果古代的聖人可以活到現在，聽到現代這些關於經濟與商業的學說，或者搭乘現代的輪船橫渡重洋，或者在瞬息之間就可以聽到電報傳播萬里之外的新聞等等，不用說，古代的聖人肯定會感覺十分驚奇。甚至都不必使用蒸汽機與電報來嚇他們，就是用造紙寫字的方法，或者讓他們看到木版雕刻的技術，這些足夠讓他們心悅誠服了。這是為什麼呢？這是由於蒸汽機、電報、造紙、印刷等技術，全部是憑藉後人的智慧發明創

---

61 五常：指儒家所說的仁、義、禮、智、信。

造的，而這些發明創造，並非是因為聽到聖人所說的道德才得以實現的，這些事情是古代的聖人做夢也沒有想到的。所以，假如單單就智慧來講，古代聖賢的智慧不過是相當於今天三歲的兒童而已。

道德，是不可以用有形的事物來傳授的，是否學得，在於學習者內心的努力程度怎樣。比如，對於典籍上所寫的「克己復禮」四字，儘管能夠教導別人明白這四個字的含義，但是不等於已經把道理傳授了。因此一定要進一步說明這四個字的含義。克己的意思就是把自己的私欲克制住，復禮的意思就是讓本性恢復且清楚自己的本分的意思。教師所能夠做的工作，就止於如此來回認真闡述這個道理，再沒有別的傳道的方法了。之後就在於各人的修養，或者閱讀古人的書籍，或者學習今人的言行從而仿效其德行罷了。這就是所謂以心傳心，即所謂道德的教化。教化原本就是無形的，教化的效果究竟怎樣，是沒有辦法測驗的。比如，有的人分明就是在恣行私欲，然而自己卻覺得克制住了私欲，有的人做了非分之事，然而自己卻覺得是安分守己。他們是否如此覺得，教師是完全無能為力的，主要在於學習者如何存心。所以，聽到克己復禮的解說以後，在思想上有的人獲得非常大的啟發，有的人竟然產生極大的誤解，有的人輕視它，也有人儘管明白卻煞有介事的用來欺騙別人，這樣截然不同的情形，是很難分辨真偽的。假如有人輕視這個教訓，然而在

表面上卻偽裝以欺人，或者信賴自身所誤解的一套，別人對他是無能為力的。這時，由於沒有能夠證明的準則，僅能對他講：「要小心天報」，「要捫心自問」——除此以外沒有任何辦法。畏天與問心都是歸於內心之事，不論是真怕天報或者假怕天報，並非是外人可以一眼看得出來的。這就是社會上會出現偽君子的原因。更有甚者，有些偽君子不僅聽到道德之說便可以明白其意義，並且自己還可以高談道德，或者注解經書，或者討論天道、宗教，其理論或許可以達到出神入化的境地，假如僅僅是讀他的著作，非常有可能覺得後世又出現了一個聖人。然而，如果觀察他實際的言行舉止，就會驚訝其言行的不相符，其心勞日拙，令人發笑！從古至今，不管是日本還是西方，假如列舉一下，這樣的事例是有很多的。就是在對《論語》進行討論的時候，其中也有花言巧語、貪財好色之人；在信仰基督教的西方人裡面，也有欺詐無知、恐嚇弱小，而妄想名利雙收之人。這類小人可以說是抓住了道德沒有衡量的標準這個短處，從而自由出入道德之門，伺機販賣私貨。這種情形，歸根結柢闡明了道德是不具備控制別人的功效的。例如，(《尚書》分為今文與古文兩種，秦始皇焚燒天下書籍，《尚書》也被付之一炬，到漢文帝時，濟南老學者伏勝將自身所記憶的二十九篇，公之於世，稱作《今文尚書》。後來，在拆毀孔子故居時，在牆壁中發現舊本，稱為《古文尚書》。因此，現在《尚書》

的五十八篇之中，有今文和古文各二十九篇。然而，現在將古文與今文相互比較起來，兩者的體裁完全不相同。今文晦澀不易懂，古文卻平易且明白，兩者的文意語氣，大相徑庭。任何人看來，都不可能相信是焚書之前所盛行的同一本書，但是其中一定有一種是偽作。尤其是從壁中取出的古文，是在晉朝才流傳於世，在這之前，在漢代書中有一篇秦誓，是諸儒所引用的，而到了晉代卻覺得是一本偽書，於是將它廢除了。因此看來，《尚書》的來歷是不明朗的。然而到了後世，人的信仰逐步穩定起來，所有人都覺得這是聖人之著作。蔡沉[62]在《書經集傳》的序中講：「聖人之心，見於書」，這難道不讓人感到非常奇怪嗎？蔡沉的意思或許是覺得沒有必要談論古文與今文的分別，只要是書中所載符合聖人的意旨，就可以將其視為聖書了。可見今古兩文中，一定有一種是後世為逢迎聖人的心理而杜撰的，也就是俗稱的偽聖書。可知社會上不僅有非常多的偽君子，並且還出現過偽聖人所著的偽聖書。）智慧就不一樣了，社會上智慧是多種多樣的，它能夠不經傳授而互相學習，也能夠自然而然的引導人們走進智慧之門，這和道德的感化沒有差別，然而，智慧的力量，並不一定僅僅憑藉感化的方法來發揮它的作用，智慧完全能夠透過有形的事物進行學習，並且能夠明顯的看

62蔡沉：南宋學者，他為《尚書》作注，命名為《書集傳》，又名《書經集傳》，是元代以後科舉應試必讀書目。

到它的跡象。比如，學加減乘除的方法，就可實際去應用加減乘除。聽過水沸騰變成蒸汽的道理，再學習製造機器利用蒸汽動力的方法，就能夠製造蒸汽機，並且製造成功之後，它的功效，就和瓦特所製造的機器是相同的。這就稱為有形的「智育」。由於這個智育是有形的，在進行衡量時，也有可以遵照的有形的規律準則。所以將智慧傳授給人以後，實際應用上假如有不放心的地方，便可以進行試驗。假如經過試驗仍然不可以實際應用，那麼可以再教導他實際應用的程序。總而言之，一切都能夠用有形的事物進行教導。比如，這裡有一個數學老師，教學生用十二除以二得六的算術，試驗學生是否可以實際運用，可以分給學生十二個球，然後讓學生將其平均分成兩份，就可以證明學生是否將此種計算法掌握了。假如學生將球分成八和四的兩份，那麼就說明還沒有將這個計算法掌握，這時就需要再講解一次重新進行試驗。假如這次可以將十二個球等分成各六個，那麼這一課就算是教完了，學生所學到計算法的技巧程度，與教師並沒有差別，就好像天地之間又有一個教師出現了。其傳習之快，試驗之明確，是能夠以耳目所見聞的。再比如，試驗航海技術，就讓其駕船航海；實踐商業法術，就讓其買賣物品而視其盈虧；看患者是否痊癒就能了解醫術的巧拙；從家庭的貧富能夠證明經濟才能的高低；諸如此類，逐一觀察其真實情形，就能否知道是否掌握相關技術，這叫做「有形智術試驗

法」。所以，智慧是無法透過偽裝來欺騙世人的。不道德者
儘管可以偽裝成為有道德者，但愚者卻無法偽裝成智者，這
就是為什麼世上偽君子多而偽智者卻很少的原因。社會上可
能有很多這樣的例子：比如有的經濟家，可以暢談天下的經
濟卻料理不好自己的家務；有的航海家理論非常高明，卻不
會駕駛船隻。這種人儘管好像是所謂的偽智者，然而，社會
上所有事物的理論與實際，終歸是一致的。只是在道德的問
題上，缺乏能夠檢驗理論是否與實踐脫節的標準而已。在智
慧的範疇內，即使會出現這種偽智者，但是依舊有可以查明
其真偽的方式方法。比如航海家不可以駕船，經濟家不善於
料理家務，這種人肯定是還未能掌握真正的技術本領，或者
是另有阻礙其發揮技能的因素。（比如，經濟家好奢侈，航
海家身體虛弱，技術本領儘管高超，但是不可以實際運用等
等。）由此可以看出，不管是技術本身還是阻礙技術發揮的
因素，都是有形的。因此，要查明其狀況，證明是否將技術
真正掌握了，並不是十分困難。既然可以證實真偽，那就能
夠採用從旁講解教導的方式方法，也能夠由自己鑽研並向別
人學習。總而言之，在智慧的世界中，沒有偽智者的立足之
地。因此說，道德不可以以有形的事物教人，也不可以以有
形的事物觀察其真偽，僅僅可以於無形之中感化人。可是智
慧卻能夠以有形之物教人，以有形之物證實其真偽，同時又
能在無形中感化人。

　　道德是依照內心的勤奮與否從而進退有度。比如，現在有兩個少年，都生長於農村，本質都是質樸厚道沒有任何差異。他們為了經商或者求學而來到城市，最開始，共同擇友而交，擇師而學，看見城市人情之冷酷也曾在暗背裡感嘆過。然而經過一年半載以後，一人原有的農民的本性被改變了，且沾染了都市的奢華，最終狂妄墮落，耽誤終身；另一人則不一樣，修身日嚴，品行一如既往，不曾丟失農民的本質。如此，兩個人的德行明顯有了天差地別。這種情形，從在東京求學的學生中，就能夠看到。假如這兩個少年一直留在故鄉，他們都將會是厚道之人，長此以往，都將變成有德的忠厚老實之人，然而，他們在中年之後，一人從有德之人成為了無德之人，另一人則可以獨善其身。現在假如找尋其中的原由，並非是兩人的天賦截然不同，並且，他們所往來的人都是一樣的，求學的內容也是一樣的，因此也不可以將其歸咎於教育。那麼，為什麼他們的德行會相差如此之遙遠呢？這是由於其中的一人，在道德上突然改變方向並且開倒車，另一人則保持並且沒有丟失其原本的面目。並非是外物的作用有強弱之分，而是在內心的修養之上有了勤奮與不勤奮的區別，從而造成了一個後退、一個前進的結果。比如，有人從少年時代就狂妄冶遊，謀財害命，為非作歹，無人理睬，以致在社會上簡直無法安身，然而由於之後突然清醒，從而改邪歸正，改過自新，開始思考日後的個人前途發展，

腳踏實地，後半生成為了一個有用之人。分析這種人一生的行事，顯而易見能夠將其劃分成兩個階段，前後截然不同，好比在桃木枝上嫁接了梅枝，待其長成以後，只能看見梅花滿樹，而無法分辨其根本為桃木。社會上這種案例非常的多，比如以前的賭徒，現在卻吃齋念佛，混混惡棍成為了誠信的商人，這樣的案例並不稀奇。這些人並非是受到旁人的教導從而幡然悔悟，而是因為內心的醒悟而改過的。又比如，從前熊谷直實[63]在斬殺了平敦盛以後，皈依佛門；某獵人將懷胎的猿猴打死了，終生不再打獵等等。熊谷既然皈依佛門，如此就是念佛的行者，而非之前的慓悍武夫；獵人既然棄槍把鋤，如此就是善良的農民，而非之前的殺生者。從慓悍武夫變成念佛的行者，從殺生之人變成善良的農民，這種事情並不需要旁人教導，而是於一念之間就能夠做到。德和不德其間不可容髮。至於智慧就大相徑庭了。人剛生下來是不知所以的，不學習就不可以進步。假如將初生兒放於荒無人煙的山野之上，儘管可以幸而不死，但是他的智慧也一定與禽獸大同小異，甚至連黃鶯築巢這種本事，僅僅依靠未接受過教育的人的勤奮或許也是不能做成的。因此人的智慧完全取決於教導，假如教導有方，其前途是不可估量的，而

---

63 熊谷直實（Kumagai Naozane，西元 1141－1208 年），日本平安時代末期至鎌倉時代初期的武將，曾奉命討伐並斬殺平敦盛，當時平敦盛只有十六歲，熊谷直實因此感悟世事無常，在戰後出家。

且，一旦有了發展進步，那麼就不會再回來。例如，兩個少年擁有一樣的天賦，假如進行教導就能夠共同進步。假如兩人的進步有了快慢，這或許是因為他們的天賦有所差別，或者是教授的方式方法不一樣，或者是兩人的勤惰程度不一樣而造成的。儘管具備了某種條件，也絕對不可能因為內心的勤奮而立刻將智慧之門打開。昨天的賭徒，儘管可以成為今日的念佛者，然而，人的智愚，如果不和外界往來，是絕對不會在一朝一夕之間發生變化的。再比如，去年的拘束者或許成為了今年的狂妄兒，不復留存拘束的蹤跡，然而，人的既得知識，假如不是患有健忘症，是不可能消失的。孟子所謂「浩然之氣」，宋儒所謂「一旦豁然貫通」，禪家所謂「悟道」，這些都是於無形的內心之中無形的功夫，無從見其詳細的蹤跡。但是在智慧的範疇中，絕對不會因為一旦頓然大悟，就可以猶如浩然正氣一樣發揮其極大功效。瓦特發明蒸汽機，亞當·史密斯提倡經濟學說，並非是獨居默坐，一旦豁然而開悟的，而是積年累月探究了有形事物的道理，從一點一滴逐步累積而形成的。否則，就算讓面壁九年而頓悟的達摩大師去面壁九十年，也不可能發明蒸汽機與電報。縱然如今的古典學者們將中、日兩國的萬卷經書讀破，把使用無形恩威治民的妙招掌握了，也不可能馬上了解現代世界通行的經國濟民之道。因此說，智慧是學而之後進步，不學就不可能進步，已經學會，就不可能會退步；而道德就不一樣

了，它不僅十分難教，而且十分難學，而且是因為內心的勤奮與否從而進退有度。

社會上的道德家曾經這樣說過：道德是所有的基本，社會上的一切事業，如果不憑藉道德那麼就不能夠成功，假如有了道德修養，那麼將會戰無不勝。因此道德是不能不教，不能不學的。社會上所有的事業都能夠暫且放下，並且應當首先修積道德，之後再去談論其他的問題。世上如果沒有德教，就好比暗夜無燈，因此就無從分辨事物的方向。西洋的文明是因為德教的成果，亞洲的半開化與非洲的野蠻也是因為修德的深淺而使然的。德教好比寒暑，然而文明就像寒暑表，前者一旦變化，後者馬上就會發生反應，如果道德增長一分，那麼文明也會隨之上升一度云云。他們為不德而嘆傷，為不善而憂愁，其憂愁焦躁的情形，好比水火馬上波及到家門，真是狼狽萬狀！然而，我覺得可以將事物的極端情況抓住，但是不可以用此當作談論的唯一目標。現在假如將不善不德的極端情形當作唯一目標，進而想去挽回，這自然也猶如當務之急，可是，僅僅是挽回這一方面的缺陷，還不可以算是做到了全部。這好比人僅僅是獲取了從手直接到口的食物，還不可以說是達到了人類的所有生活一樣。假如將事物的極端當作談論的目標，那麼德教也是不能夠將問題處理了。如果，現在僅僅將德教當作文明的根源，讓全世界所有的人都朗誦《聖經》，除了讀經之外百無聊賴，又將如

何呢？假如盛倡禪家不立文字之教，讓天下所有人都將文字忘記了，又該如何呢？假如有人僅知道背誦古事記與背誦五經，特地學習忠義修身之道，連謀生的方法都不明白，如此的話，怎麼可以說他是個文明的人呢？假如一個人將五官的情欲捨棄了，甘心忍受艱辛，不了解人間世界為何物，如此的話，怎麼可以說他是個開化的人呢？又比如經常看見路旁有三隻石猴雕像，一隻被蒙著眼睛，一隻被堵著耳朵，一隻被遮著嘴巴。這或許是表現不見、不聞、不言的容忍之德的寓意。如果依照這種意義解釋，那麼人的口耳目便成為了不道德的媒介了，好比天之生人，就給予了不道德的工具。假如口耳目是無益的，那麼，手腳也將變成做壞事的工具。由此來看，盲人、聾人、啞人也不也算是完全的善人了？最好是連四肢的機能都去掉才好呢！不，與其創造如此殘缺不全的生物，莫不如讓世界上壓根就沒有人類，這才是完美無缺！然而這能夠說是造化的規律嗎？我不得不產生懷疑。然而，崇尚忠義修身之道、拋棄五官肉體情欲之人，都是德教的忠誠信徒。這種對德教深信不疑的人即使是沒有智慧的，也沒有理由斥責他不是好人。斥責無智是智慧的問題，與道德沒有任何的關係。因此，假如極端的講，從德教上來看，凡是缺少私德之人，都是壞人，德教的目的好像只在於減少這種壞人。可是，假如廣泛的觀察人心的活動，並且具體分析所呈現的事實，就有理由認為不可以單把減少這種壞人的

一件事，稱為文明。比如，現在用鄉間人與城市人作一對比，衡量一下其私德，到底孰多孰少，儘管十分難以判斷，然而，依照社會一般的輿論，老是覺得鄉村的風俗淳樸可愛。儘管不喜歡鄉村的人，也不會覺得鄉村的道德淺薄而城市的風氣淳厚。就算用上古與近世相互對比，或者用兒童和大人相互對比，也是一樣。然而，一討論到文明的問題，所有人就都覺得城市是文明的，近世是文明進步的。因此，文明與否是不可以僅僅單純的用壞人的多寡來判定的。同時也能夠說明，文明的根源並非在於私德一個方面。然而，有些道學家們的討論一開始就是趨向極端的，思想偏執且不留有任何餘地，不了解文明的浩大，不了解文明的繁雜，不了解其動向，不了解其發展，不了解人心的變幻莫測，不了解智德的公私之分，不了解公私互相制約與互相均衡的關係，更不了解把所有事物歸納起來進行全面判定得失的方式方法，只是一心想著減少社會上不好的事情的人，最終卻陷入了錯誤的觀點：要讓現代人重新變成上古時代的人，讓都市變為鄉村，大人變為兒童，眾生變為石猿。這個道理學者一定要認清並且理性看待。

電子書購買

國家圖書館出版品預行編目資料

福澤諭吉的勸學篇與文明論概略：人格獨立、
文明與進步、學者職責、懷疑與取捨，明治時
期啓蒙思想家的教育改革 / [日] 福澤諭吉著，
于彩虹 譯 . -- 第一版 . -- 臺北市：崧燁文化事業
有限公司 , 2023.02
面； 公分
POD 版
ISBN 978-626-357-074-0(平裝)
1.CST: 福澤諭吉 2.CST: 學術思想 3.CST: 日本
哲學
131.96 111022264

福澤諭吉的勸學篇與文明論概略：人格獨立、文明與進步、學者職責、懷疑與取捨，明治時期啓蒙思想家的教育改革

臉書

作　　者：[日] 福澤諭吉

翻　　譯：于彩虹

發 行 人：黃振庭

出 版 者：崧燁文化事業有限公司

發 行 者：崧燁文化事業有限公司

E-mail：sonbookservice@gmail.com

粉 絲 頁：https://www.facebook.com/sonbookss/

網　　址：https://sonbook.net/

地　　址：台北市中正區重慶南路一段六十一號八樓 815 室

Rm. 815, 8F., No.61, Sec. 1, Chongqing S. Rd., Zhongzheng Dist., Taipei City 100, Taiwan

電　　話：(02) 2370-3310　傳　　真：(02) 2388-1990

印　　刷：京峯彩色印刷有限公司（京峰數位）

律師顧問：廣華律師事務所 張珮琦律師

定　　價：320 元

發行日期：2023 年 02 月第一版

◎本書以 POD 印製